ISBN 3-929834-01-4

© 1995
CIRCUS VERLAG Dirk Kuik und Helmut Grosscurth GbR
Am Latourshof 6, D-41542 Dormagen
Layoutkonzept: verb Atelier für Gestaltung GmbH, Essen
Herstellung: Schaab & Co. GmbH, Düsseldorf

Meiner lieben Janin
herzlich gewidmet

[Unterschrift] 29.3.97

harald polenz

haste vier beine, biste mein freund

das abenteuerliche leben des gerd siemoneit-barum

circus verlag
dirk kuik und helmut grosscurth gbr

inhalt:

zum geleit

Freundschaft ist eine Seele in zwei Körpern...
(Aristoteles, griech. Philosoph)

Sie begleiten mich seit fast einem halben Jahrhundert, sie kreuzen und bestimmen immer wieder meinen Lebensweg, sie sind wie auch der Circus mein Lebensinhalt, sie sind meine Berufung: Die Tiere und insbesondere die Raubkatzen. "Haste vier Beine, biste mein Freund..." Es

trifft zu und sagt viel aus über meine Einstellung zu diesen wunderbaren Geschöpfen und Schützlingen, deren Nähe und Zusammenarbeit ich nicht missen möchte. Mit ihnen ist mein Leben ein schönes Erlebnis, ein spannendes Abenteuer.
Über die wichtigsten Episoden einer fast "unendlichen Geschichte" berichtet Ihnen, liebe Leserschaft, der Autor Harald Polenz in diesem Buch.

Gerd Siemoneit-Barum

Einbeck, im März 1995

vorwort
des autors

Ich könnte sagen, Gerd Siemoneit ist der Konrad Lorenz der Circustiere. Ich sage aber: Gerd Siemoneit ist vor allem Gerd Siemoneit, ein Mann mit starkem Charakter und einer Schwäche für große Tiere.

Er selbst sagt, Circusleute besitzen eine gewisse Schräglage. Ich meine, das Gerade führt häufig in die Langeweile, das Schräge verführt dazu, den Kopf zu bewegen, damit man es erkennen kann. Es stört die Ruhe und erzeugt Spannung.

Gerd Siemoneit stellt die Humanität gegen die Peitsche, sein Umgang mit Tieren gibt Beispiele zum Umgang mit Menschen.

Gerd Siemoneit kann mit den Tieren reden und die Tiere können es mit ihm. Darum bezeichne ich ihn als außergewöhnlichen Menschen, der unsere Bewunderung verdient.

Es hat mir Vergnügen bereitet, über ihn und seine Kunst zu schreiben.

Seine Kunst ist der Circus und der vollbringt Wunder, nicht nur auf dem Hoch- und Schlappseil, nicht nur im Tigerkäfig oder auf der russischen Schaukel, sondern innerhalb des Sozio-Gefüges unserer Gesellschaft. Der Circus hält sich mit Charme und harter Arbeit ein klassen- und altersloses Publikum. Er zählt den Manager und den Fabrikarbeiter, die Prokuristin und die Hausfrau, den Opa und das Kind zu seinen Fans. Im Circus brechen sie in gemeinsames Schauen und Staunen aus. Das kommt, weil der Circus alles hat: Eleganz und Rauhbeinigkeit, Theater und Gaukelei, Varieté und kindlichen Humor. Dazu natürlich den Rahmen, unwirkliche Farben, grelles Glitzern, kurzum die im Alltagseinerlei nie zu erreichende zauberische Sphäre.

Der Circusdirektor Gerd Siemoneit führte die Circuskunst gegen zeitgeistige Konkurrenz auf einen Höhepunkt.

Und jetzt: Manege frei für ein abenteuerliches Leben.

Harald Polenz

Iserlohn, im März 1995

ein schrei aus hundert kehlen ¹¹

Stundenlang saß er vor den Käfigwagen und redete auf seine sibirischen Tiger ein. Die Nacht war hereingebrochen, ein langer Arbeitstag lag hinter ihm und seinen Tieren. Leise redete er auf sie ein, nannte immer wieder sanft ihre Namen, und dann begannen sie zu schnurren, erst zwei, dann drei und vier, schließlich stimmte einer nach dem anderen in das Konzert der Zuneigung ein. Zwanzig Tiger schnurrten wie die Hauskatzen und schenkten dem Circusdirektor und Dompteur Gerd Siemoneit-Barum die höchste Auszeichnung, die er in seinem bewegten Leben jemals bekommen hatte und noch bekommen sollte. Was war diesem Ereignis vorausgegangen, was bewegte die Raubkatzen, die in der Lage sind, mit einem Sprung, mit einem Prankenhieb, einen Büffel zu fällen, mit diesem schwachen Menschengeschöpf zu "sprechen"? "Wer Vertrauen will, muß es selbst bei dem anderen aufbauen", erklärt er bescheiden und zurückgenommen. Das bedeutet dem Mann, dessen Geschichte hier zu erzählen ist, ein Stück humaner Lebensphilosophie. Ihm sind Tiere "anvertraute Geschöpfe", die er, selbst wenn sie von der Natur mit großer Kraft ausgestattet sind, als die Schwächeren empfindet und gleichberechtigt als Freunde und Partner behandeln will.

Das klingt nach Franz von Assisi, vermittelt aber nicht das

vollständige Bild des Mannes, der so viele Jahre Circus er- und gelebt hat. Es ist die Summe der Erfahrungen, die ihn vom "Raubtierbändiger" zum Partner der Großkatzen werden ließ. Zeit seines Lebens verfolgte Gerd Siemoneit eine Vision, die er mühsam, mit Ausdauer, Fleiß und Beharrlichkeit in Realität verwandelte: Er wollte mit Tieren arbeiten, seine Kräfte mit den ihren messen.

Es gibt einen Punkt in seiner Lebensgeschichte - die so spannend ist, das man sie nicht besser erfinden könnte -, der ihn vom Bezwinger zum Freund der Raubkatzen werden ließ. Der 21. August 1954 brannte sich in seine und in die Erinnerung seines vielhundertköpfigen Publi-

kums ein. Siemoneit gastierte mit dem Circus Apollo in Ankara und führte in der Manege eine Löwengruppe vor, kräftige eigenwillige Tiere. Darunter "Royal", ein ständig streitbarer Löwenmann, und "Senta", die einige Tage vor dem Auftritt Junge bekommen hatte und als reizbare Mutter zum Risikofaktor werden sollte. Der Draufgänger im Circusrund, der ehrgeizig seine Dressuren zum Ziel brachte und seinem Publikum die Exotik und die Spannung zwischen wilden Tieren und ihrem Herrn beweisen wollte, verzichtete am Vorabend der Abschlußvorstellung des Circus nicht auf "Senta", zumal in der großen Hitze der Orientreise einige der Katzen den Höllentemperaturen des orientalischen Sommers erlegen waren. Siemoneit verdrängte die Warnungen von Freunden, die ihn immer wieder beschworen hatten, "Royal" aus der Gruppe zu nehmen. Der sei eine Zeitbombe, die irgendwann hochgehen würde, hatten sie gewarnt. Gerade die Entschiedenheit und der eigenwillige Charakter der Tiere waren es ja, die ihn faszinierten, in ihnen erkannte er sich wieder.

Das Drama im Zentralkäfig nahm seinen Lauf. Die Vorführrung verlief gut, trotz der Hitze und der nervösen Tiere, die sich gegen Ende zur Schlußpyramide aufbauten. Da begann "Royal" mit einem Rivalen zu stänkern: In Sekunden tobte die Schlacht der Riesen, die - jeder gegen jeden - wild übereinander herfielen. Nur einen Moment lang stand der Dompteur wie gebannt. Dann übernahm das Zupakkende in ihm wieder die Regie. Siemoneit schleuderte ein Postament zwischen die furiosen Katzen. Ergebnislos! Mit Fanggabel und Peitsche mischte er sich ein, versuchte, die ineinander verbissenen Löwen zu trennen.

Derweil schwankte das Publikum zwischen Angst und Sensationslust. War es böser Traum oder war es Wirklichkeit? Das Brüllen der Löwen erfüllte das Chapiteau, die Urlaute quälten die Trommelfelle, der beißende Geruch der in der Erregung dampfenden Tierleiber reizte die Nasenschleimhäute. Alle Sinne waren auf Katastrophe

eingestellt und schrillten in den Köpfen Alarm. Was wird aus dem Mann, der noch aufrecht in der Sturmflut der entfesselten wilden Tiere stand?

Siemoneit bemerkte nicht, wie "Senta" in seinen Rücken gelangte und ihn plötzlich von hinten anfiel. Er fühlte sich wie von einem Bagger zu Boden geschleudert, Peitsche und Fanggabel fielen ihm aus den Händen, die Löwin drückte ihn zu Boden, hielt ihn mit ihren Pranken umklammert. Sofort begann sie, ihn "auseinanderzunehmen", biß in Oberschenkel und Gesäß. Gerd Siemoneit, dem Tode noch nie so nahe gewesen, dachte: "Das ist es also, jetzt haben sie dich!"

Die Löwen liefen Amok und Senta verteidigte ihre "Beute", ließ keinen ihrer Artgenossen an sie heran. Dieser Umstand, so erinnert sich Siemoneit, lenkte die Löwin von weiterem Tun ab, doch er barg auch die Gefahr in sich, daß "Senta" versuchen würde, die "Beute" durch den Laufgang in den Käfigwagen in "Sicherheit" zu bringen. Draußen am Manegenrand rannten aufgeregt Polizisten mit gezückten Pistolen durcheinander, doch zu schießen trauten sie sich nicht. Zu groß war die Gefahr, daß der Dompteur oder Menschen aus dem Publikum getroffen würden.

Trotz der Angst um sein Leben bemerkte Siemoneit an

der Eingangstür seinen Kollegen und Freund Béla May, der bei Apollo Braunbären vorführte. May und andere hatten die Laufgangtür geöffnet und versuchten, mit Stangen die Löwen hinauszutreiben. Einige Tiere, an die genaue Zahl vermag sich niemand mehr zu erinnern, traten die Flucht an und verschwanden im Laufgang. Dann geschah das Entscheidende: Béla May riß die kleine Eingangstür zum Zentralkäfig auf, stürzte in das Inferno bis in das Auge des Orkans und ging "Senta" mit einem Knüppel direkt an. Der erste gewaltige Hieb traf die Löwin auf die Nase, der zweite, unmittelbar darauf geführte Schlag saß zwischen den Augen des aufgebrachten Tieres. "Senta", von

Schmerz überwältigt, aber wohl noch mehr überrascht von der Dreistigkeit ihres Gegners, gab das Opfer frei. Sofort half der Retter seinem Freund auf, der mühsam auf dem weniger verletzten linken Bein stehen konnte. Rücken an Rücken, Postamente wie Schilde vor sich haltend, drückten sie die letzten Löwen, die immer wieder Angriffe starteten, in den Laufgang. Die Klappe fiel herab, das Drama war beendet. Von Béla May gestützt, humpelte Gerd Siemoneit zur Tür und trat aus der Manege heraus. Draußen wollten ihn Helfer sogleich auf eine Trage legen, er aber dachte: "Wenn du jetzt in diesem Augenblick stirbst, dann bleibst du als Toter trotzdem weiter stehen."

Mit einem einzigen Schrei aus hunderten von Kehlen befreite sich das Publikum von der Angst und körperlich spürbarer Beifall senkte sich auf das Duo. Aus der Erinnerung schrieb Gerd Siemoneit den Dialog zwischen ihm und Béla May auf.

May: "Wenn Du schon nicht liegen willst, dann setz Dich wenigstens mit Deinem verdammten Hintern auf die Trage. Du blutest wie ein Schwein."

Siemoneit: "Niemals! Die sollen sehen, daß Du mich ganz rausgeholt hast." May: "Mir genügt schon der dickschädelige Rest von Dir."

Siemoneit setzte sich, der Schock schwand und er meinte, das weiße Schweinwerferlicht verwandele sich in grünes. Ihm wurde leichter und leichter, die Stimmen des Publikums leiser. Das letzte, das er vor der Ohnacht vernahm, war die laute Stimme seines Lebensretters, der schrie: "Aufpassen, jetzt kippt er gleich." Ein schwaches "das könnte Dir so passen" beendete einen Lebensabschnitt des Gerd Siemoneit.

Gumbinnen

Partie an der großen Brücke

sarrasani unter bomben

Der Wechsel zwischen den heißen Sommern und kalten Wintern im Ostpreußen seiner Kindheit, den er in Träumen auf dem Krankenlager noch einmal erlebte, brachte Linderung. Gerade einem Löwen entronnen, erinnerte er sich seiner ersten direkten und bewußten Begegnung mit einem Tier. Im Sandkasten war es, als er aufschaute und über sich unmittelbar vor seinem Gesicht in die Augen eines Pferdes sah, das ob seiner Größe dem Jungen einen furchtbaren Schrecken einjagte und ihn schnell zu Muttern nach Hause flüchten ließ.

Ostpreußen, das Land der Pferde; dahinein wurde er am 6. März 1931 geboren. Der Ort hieß Gumbinnen und ständig traf der Junge auf die edlen Vierbeiner: in der Landwirtschaft, im Fuhrbetrieb und natürlich beim Militär. In den Ställen der Kaserne fanden ihn die Eltern, wenn der "Kleine" nicht zur verabredeten Zeit nach Hause gekommen war. Regelmäßig mußte er ins Waschbecken getaucht werden, so starrte er vor Mist und stank.

Im Stall der Armee freundete er sich mit einem hünenhaften Soldaten an, der ihn bereitwillig auf seine Lieblingspferde setzte. Auch auf "Mentor", einen schokoladenbraunen Fuchs, der die Liebesbezeugungen des jungen Gerd Siemoneit nicht immer erwiderte. Als sich "Jerdchen", wie er im ostpreußischen Dialekt gerufen wurde, einmal hinter dem

Tier zu schaffen machte, trat ihn "Mentor" vor die Stirn.
Diese frontale, aber unsanfte Geste des vierbeinigen
Kameraden hatte keine ernsthaften Folgen und - ein
Wesenszug, der auch in späteren Jahren immer wieder an
Gerd Siemoneit festzustellen ist - der Junge nahm es dem
Tier nicht übel.

In den Ferien zog es ihn aufs Land, zu Onkel Albert, der in
Groß-Wersmeninken Herr über acht Gespanne, das heißt
16 Pferde, war. Gerd genoß in vollen Zügen, half in der
Ernte auf der Rominter Heide und besuchte häufig den
Hof des Revierförsters. Er bestaunte die langen Reihen
von Geweihen und Gehörnen an den Wänden, aber

22

besonders faszinierte ihn die getrocknete Haut einer erlegten Kreuzotter. Heimlich strichen seine Hände darüber. Das hatte etwas Exotisches, erzeugte ein Gefühl, das er als Kind noch nicht begriff, aber vielleicht einen Fingerzeig in Richtung Exotik bedeutete, der er sich im Circusleben bewußt aussetzte.

Die Winter in Ostpreußen waren schneereich, das Land versank unter der weißen Pracht und wirkte weit und verloren. Wieder waren es die Pferde, die nun Schlitten zogen und die Aufmerksamkeit des Jungen und seiner Kameraden weckten. Sie sprangen auf die Kufen und die Kunst bestand darin, dem Kutscher nicht aufzufallen, denn

der hätte die "Schwarzfahrer" mit der Peitsche verjagt. Die schönen Stunden der Sommer- und Wintertage, der viel zu kurzen Ferien, wurden durch die Schulzeit unterbrochen. Gerd Siemoneit interessierte sich für Deutsch und Englisch, Geografie, Biologie und Geschichte, aber überhaupt nicht für "Mathe und Artverwandtes". Zu Hause vertieften die Eltern die musische Bildung des Kindes durch Klavierunterricht, der zur Aufführung einer Sonate oder einem Stück zu vier Händen mit dem Bruder in der Schulaula führte. Den Applaus sog der Junge gierig auf und empfand ihn als eine "schöne Sache", der er bis heute noch erlegen ist.

Das Glück unterbrach an einem heißen Spätsommerabend im September der Krieg. In die heroischen Schilderungen von Taten der glorreichen Armeen des Hitlerstaates mischte sich das Bild der von Tag zu Tag häufiger werdenden schwarzen Kreuze in der Zeitung. Es wurde an der Front nicht nur gesiegt, es starb sich dort auch, stellte der inzwischen zum Jungen herangewachsene Gerd fest.
In Gumbinnen erlebte er den Überfall auf die Sowjetunion mit, von den Nazis heroisch "Unternehmen Barbarossa" genannt. Der Katastrophe von Stalingrad folgten Durchhalteparolen, denen die Mutter nicht glauben wollte. Sie verließ zusammen mit ihren Kindern - der Vater war an der russischen Front - Gumbinnen und zog in das 35 Kilometer entfernte Städtchen Goldap. Für den knapp dreizehnjährigen Gerd Siemoneit rückte der Krieg noch einmal für kurze Zeit in den Hintergrund. Er bestaunte den schönen Marktplatz mit Gericht und Kirche in der Mitte und den vielen Geschäften rundherum. Zwei Kinos reihten sich dort ein, die regelmäßig Artistenfilme zeigten: Truxa, Tonelli, Circus Renz und "Die große Nummer" verführten zu Träumereien. Das Leinwandleben seiner Helden wünschte er zu teilen. Besonders Rudolf Prack als Dompteur in "Die große Nummer" weckte sehnsüchtige Wünsche. Schon lange hatte er keine Circusvorstellung mehr

gesehen; in der Phantasie, die von der Erinnerung an gemeinsame Circusbesuche mit dem Vater gespeist wurde, begleitete er Artisten und Tiere von der Ankunft am Bahnhof bis zum Aufbau des Zeltes und dem krönenden Abschluß, der Vorstellung. Und zum ersten Mal regte es sich tief unten in seinem Bewußtsein, ob es wohl sein könnte, daß er selbst zum Circus ginge: Erst einmal Stall ausmisten, Tiere pflegen, Dinge, die jeder kann, aber er wäre dabei, reiste mit in dem bunten Troß.

Noch bestimmte der Krieg den Alltag. Auf die letzten unbeschwerten Sommerferien des Jungen Gerd Siemoneit fiel, wie ein schwerer Schatten, die Nachricht vom Tod des Vaters. Gefallen im Kessel von Orel, nachträglich - und den Angehörigen erschien es wie Hohn - ausgezeichnet mit Sturmabzeichen und EK I.

Und was da an deutschen Truppen vor der Roten Armee zurückwich und auch durch Goldap strömte, das waren keine siegreichen Soldaten, sondern abgekämpfte, von Blut und Schmutz gezeichnete Gestalten.

Am 17. Oktober 1944 nahm Gerd Siemoneit Abschied von seinem geliebten Ostpreußen, vom Land der Pferde, den unbeschwerten Tagen der Kindheit. Die russische Front rückte näher, die Familie trat die Flucht an. Sie trennte sich vom allgemeinen Treck und wich nach Hamburg zu Verwandten aus. An Circus war nicht zu denken, wenn nachts die Bomberverbände durch den Himmel dröhnten. Für die Familie Siemoneit war die Flucht noch nicht zu Ende, sie erhielt eine Aufenthaltsgenehmigung für Dresden und nur dort gab es weitere Lebensmittelzuteilungen.

Dresden: Die Stadt lebte und pulsierte, als sei der Krieg nur ein Hirngespinst. Cafés waren geöffnet, in den Läden herrschte reges Treiben. Mit offenen Mündern, Koffer schleppend, nahmen die vom Krieg Vertriebenen die Großstadt in sich auf. Plötzlich, wie ein Zeichen, leuchtete es vor dem Jungen an einer Litfaßsäule auf: ein buntes Circusplakat - "SARRASANI". Ihm schien es wie ein Signal zum Mitmachen, eine Aufforderung, die ihm ein himmelhochjauchzendes Gefühl bescherte, das sofort von der schmerzlichen Erkenntnis verdrängt wurde, wie unmöglich seine Wünsche waren.

Auf einer Anhöhe am Rande der Stadt bezogen die Siemoneits das Sommerhaus eines Papiergroßhändlers, das ihnen als Kriegswohnung zugewiesen wurde. Sie blickten über die Stadt hinaus ins Elbtal hinein und genossen nach den Strapazen, vor allem nach der Angst, die an der Seele fraß, den friedvollen Ausblick.

Wie alle anderen Familienangehörigen auch, mußte Gerd

Siemoncit mit anfassen, um den Kriegsalltag zu bewältigen. Kartoffeln und Kohlen einkellern, nach zugeteilten Rationen anstehen. Der Winter nahte und das Ende des Krieges mit all seinen Unwägbarkeiten.

Endlich blieb ein wenig Zeit, dem Ruf des Circusplakates zu folgen und in der Ruhe vor dem Sturm den Circus in der Stadt zu suchen. Die Straßenbahn brauchte eine Ewigkeit bis zum Postplatz. Dort stieg er um und fuhr bis zur Station Neustadt. Den Rest erledigte er laufenden Schrittes zu Fuß. Der erste Eindruck war so überwältigend, daß er sich das Erlebnis jederzeit vergegenwärtigen kann: "Da stand das Märchenschloß, weit überspannt von einer mächtigen Kuppel. Der Eingang war von vielen Menschen belagert, Kinder und Erwachsene, verwundete Soldaten. Dann drang der unbeschreibliche Duft der Manege an meine Nase, die Circusluft nahm mich gefangen. Ist das alles Wirklichkeit?, fragte ich mich. Die hübschen Mädchen als Platzanweiserinnen, die bunten prächtigen Uniformen, die berauschende Circusmusik. Was sich in der Manege abspielte, nahm ich voller Bewunderung auf, doch mehr als eine reine Betrachtung der Dinge. Das Milieu, die Atmosphäre schlugen mich in ihren Bann." Aufgewühlt von dem, was er sah, traf er eine folgenschwere Entscheidung: "Unwiderruflich stand für mich fest: Hier

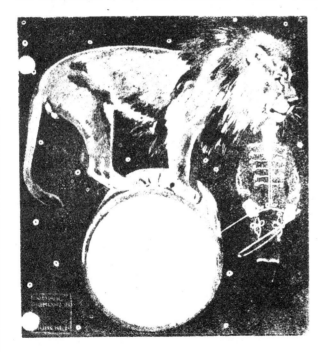

ist mein neues Zuhause, hier gehöre ich hin. Das ist meine Zukunft, mein Leben, solange ich atme!"

Jetzt hatte ihn der Circus richtig gepackt, der unter einem gewöhnlichen Himmel nicht leben kann und sich einen eigenen schuf, den er Chapiteau nannte. Auch das Erdenrund faßte ihn nicht, und er baute sich ein neues, von ihm "Manege" genannt. Diesen Raum zwischen Chapiteau und Manege bevölkerte er mit besonderen Lebewesen, mit Clowns, Dompteuren, starken Männern und Zauberern. Tiere kommen vor, eingebunden in das Außergewöhnliche, Sensationelle, noch nie Dagewesene. Das ist Circus!, erkannte Gerd Siemoneit. Wer ihn richtig erlebt, der hält den Atem an und wünscht sich, doch so zu sein wie er. So schön wie seine Frauen, die Sternen gleich schweben; so mutig wie seine Männer, die lachend vor brüllenden Löwen posieren. Circus, so dachte Gerd Siemoneit, das ist das Wirklichkeit gewordene Märchen.

Am 13. Februar 1945 gegen 22 Uhr vernichteten britische Bomben dieses Märchenreich. Schon die ersten Brandsätze durchschlugen die Circuskuppel. Mit Sand und Feuerpatschen, mit nassen Decken und wenigen Feuerlöschern gelang es dem Circusvolk, die Flammen zu löschen. Eilig trieben sie die Pferde an das nahe Elbufer, versammelten sich in der Manege und atmeten auf, in der Hoffnung, es geschafft und das Unheil abgewendet zu haben.

Dann hagelte die zweite Welle von Brandbomben auf den Circus nieder, schlimmer als die erste, und es brannte überall: Auf dem Orchesterpodium, entlang der Ballustraden, die Vorhänge hinunter bis in die Logen. Durch alle Flure und Gänge raste die Feuerfurie und fraß, was sich ihr in den Weg stellte. Es erfaßte die Käfigwagen mit den Königstigern und die stolzen Tiere erstickten im giftigen Qualm. An der Elbe standen die Bäume in Flammen, und es erwischte auch die Circuspferde, die dort in Sicherheit sein sollten. So starb in dieser Nacht der berühmte Circus Sarrasani.

Zwei Tage benötigten die Bomber, um eine der schönsten Städte Deutschlands in Schutt und Asche zu legen. Das Unheil, das die braunen Truppen im Westen wie im Osten Europas verbreitet hatten, kehrte sich jetzt gegen das eigene Land.

Am zweiten Tag des Bombardements versuchte der Junge Gerd Siemoneit, mitten durch das Inferno zum Circus zu gelangen, getrieben von der Vorstellung, helfen zu müssen, den Circus, seine Menschen und Tiere zu retten. Er kam nur bis zu einem Splittergraben, in dem er vor Angst zusammengekauert, den Kopf zwischen den Knien, hocken bleiben mußte. Über ihm das ohrenbetäubende Getöse, das ihn an vom Himmel fallende Blechplatten erinnerte. Der zweite Anlauf gelang, er lief und lief, ohne sich um die sorgenvollen Rufe von Passanten zu kümmern, die ihn zurückhalten wollten. "Mein Platz ist im Circus, mein Platz ist im Circus", sagte er sich immer wieder. Trümmer und Rauch überall, Tote an den Straßen; als er sein Ziel fast erreicht hatte, sah er am Elbufer die toten Pferde, merkwürdig erstarrt, mit den Beinen gen Himmel gereckt. Sarrasani war ein Trümmerhaufen, in den er sich durch zerborstenes Mauerwerk seinen Weg suchte. Die Boxen der Tiere waren leer, die ausgebrannten Käfigwagen ließen ihn erschauern. Atemlos sah er sich um, bestürzt von der

Vernichtung eines Traumes. Über eine abwärts führende Rampe ging er in den Keller, aufmerksam nach einem einzigen Lebenszeichen schauend. Und, es war wie ein Wunder, dort unten in einem Bassin atmete noch, was vom Circus übrig geblieben war: Wally, das Nilpferd! Oben gab es noch Futtervorräte, die vom Feuer nicht erreicht worden waren. Gerd Siemoneit rannte zurück, Futter für Wally zu organisieren und er traf dort einen Mann, der zum Betrieb gehörte und auch dabei war, dem Nilpferd zu helfen. Gemeinsam schafften sie Heu herbei, säuberten das Becken und er erzählte seinem Partner von den Sehnsüchten und Circusträumen. Er bat ihn um

Erlaubnis, die in einer Ecke des Kellers gefundenen Programmhefte, Bilder und Circusmagazine behalten zu dürfen, Illustrationen seiner Traumwelt, die sozusagen sein Zukunftsarchiv werden sollten.

Als Gerd Siemoneit am nächsten Tag wieder den ausgebrannten Circusbau aufsuchte, um Wally zu füttern, war das Becken leer. Enttäuscht trat er den Heimweg an, ohne das Schicksal des Sarrasani-Überlebenden je erfahren zu haben und einer Ablenkung beraubt, die den Zusammenbruch, den Hunger und die tägliche Gefahr ein wenig vergessen ließ. Was der Junge Gerd Siemoneit nicht wissen konnte: Wally kam in Sicherheit. Der russische

Stadtkommandant und ein russischer Oberstleutnant brachten Wally in die Sowjetunion, in den Leningrader Zoo.

Gerd Siemoneit ging hin und wieder zur Schule, jobte, tauschte Lebensmittel. Die Zeit war aus den Fugen geraten und richtete sich ein wenig wieder ein, als im Kino "Menschen, Tiere, Sensationen" mit Harry Piel in der Hauptrolle gegeben wurde. Der Circussüchtige sah den Film so oft, daß er den Textpart auswendig dahersagen konnte. Insgeheim schwor er sich: Wenn mich ein Circus als Stallbursche nehmen würde und ich es mein Leben lang bleiben müßte, ich ginge mit!

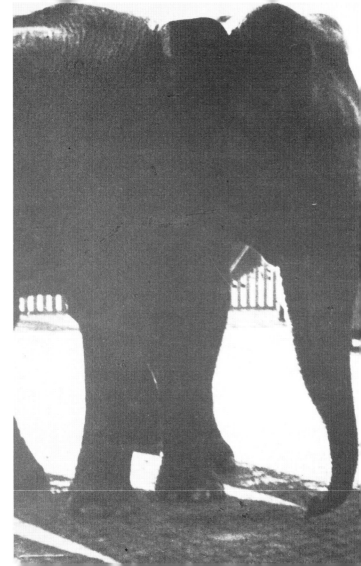

begegnung auf der moorweide

Circus spricht alle Sinne an, den Geruch, das Sehen, Fühlen und Hören. Wenn sie zusammen wirken, schwindelt es einem und, Hand aufs Herz, jeder, der schon einmal unterm Chapiteau gesessen hat, wollte gern mitreisen, selber den Zauber erzeugen, der aus der Manege aufsteigt und sich über Augen und Ohren in die Seele hineinarbeitet.

Gerd Siemoneit erfüllte sich seinen sehnlichsten Wunsch, als er 15 Jahre alt war und die Nachkriegszeit ihn nach Hamburg verschlug. Auf der Moorweide legte er den Grundstein für sein weiteres Leben, für die folgende Karriere, die ihn zum Fernsehliebling, Filmhelden und gefeierten Dompteur werden lassen sollte. Große Karrieren beginnen meistens ganz unten; sie wollen erarbeitet werden. Wenn das Ziel fest fixiert ist, eiserner Wille und Leidenschaft die Antriebsfedern sind, kann es funktionieren.

Doch erstmal stand der 15jährige Junge vor der Frage: Wie fange ich es an? Ich kann doch meine Mutter nicht einfach an die Hand nehmen, mit ihr zur Direktion gehen und sagen, hier bin ich, ich will mitreisen. Und überhaupt, so dachte Gerd Siemoneit in der schlaflosen Nacht vor der Entscheidung, was soll ich beim Circus tun? Sportliche Fähigkeiten waren nicht vorhanden, nicht einmal einen

Handstand hätte er vorführen können und dann seine Höhenangst. Stalljunge, so faßte er in Gedanken den Entschluß, das wäre es, das kann ich, das habe ich in Ostpreußen oft genug gemacht.

Am 6. Mai 1946 packte er heimlich die notwendigsten Überlebensutensilien in einen Seesack und schlich aus dem Haus. Auf der Moorweide stand er unschlüssig vor der bunt beleuchteten Zeltstadt des Circus Williams. Die Knie wurden weich, der Geist des Aufbruches haderte mit einer Spur von schlechtem Gewissen. Er umrundete mehrere Male das Circusgelände, faßte sich ein Herz und klopfte an die Tür des Bürowagens. Nach dem "Herein"

betrat Gerd Siemoneit die Welt des Circus, um sie nie wieder zu verlassen.

Aufgeregt und nicht immer mit vollständigen Sätzen erzählte er dem Mann, der ihn hereingebeten hatte, eine abenteuerliche Geschichte. Er komme geradewegs aus russischer Gefangenschaft und suche eine Tätigkeit. Der leibhaftige Circusmensch schaute ihn etwas gelangweilt an, vermutlich hatte er diese oder ähnliche Geschichten in den Nachkriegstagen schon häufiger gehört. Er brummelte: "Wir sind hier kein Aufnahmelager. Geh zum Roten Kreuz, das ist die einzige Stelle, die ich dir vermitteln kann."

Nach der ersten Niederlage stand der Junge, der Dompteur werden wollte, wieder auf der Straße. Er gab nicht auf. Mit einer Tierschaukarte verschaffte er sich Zutritt zu den Stallungen und begann mit einem Tierpfleger ein erneutes Gespräch. Hilfreich waren Zigarettenblättchen, die den Oberkutscher freundlich stimmten. Während er ihm von seinen Pferdekenntnissen erzählte, half er, Futter in die bereitstehenden Eimer zu füllen. Der Kutscher lobte die Hilfsbereitschaft und sprach genau das aus, was Gerd Siemoneit hören wollte: "Du machst das gut. Willst du nicht bleiben?" Das war's, jetzt nur nichts Falsches sagen und nicht durch Aufgeregtheit alles zunichte machen: "Ich würd' schon gerne, aber in meinem Alter?" Der Fall wurde an den Stallmeister weitervermittelt, doch auch der wollte ohne die Direktion dem ostpreußischen Jungen nicht weiterhelfen. Insgeheim schwor er sich, nichts, aber auch gar nichts würde ihn mehr von hier wegbringen. Immerhin hatte er sich bis zum Küchenwagen der Direktion vorgearbeitet, der von einem Dienstmädchen geöffnet wurde. Die Chefin bat den Gast hinein. Auch sie ließ die Geschichte von der russischen Gefangenschaft über sich ergehen und empfahl, wohl eher aus Mitleid, es doch lieber bei einem Bauern zu versuchen, dort bekäme er auch genug zu essen. Gerd Siemoneit fiel ihr mutig ins Wort:

THE GREAT WILLIAMS CIRCUS SHOW IM ZELTBAU DES ZIRKUS CARL HAGENBECK

LIZENZ DER MILITÄR-REGIERUNG C 8 32 E

"Oh nein, von der Landwirtschaft habe ich die Nase voll. Bei ihnen möchte ich bleiben, am liebsten für immer." Circusleute merken, wenn einen Menschen die Leidenschaft zu ihrer Kunst überwältigt hat. "Jetzt verstehe ich richtig, du willst beim Circus bleiben und Artist werden?!" Der Junge bestätigte diese Vermutung mit eindringlichen Worten und Gesten. Carola Williams, die Circuschefin, wies ihm ein Feldbett im Restaurationszelt zu und Gerd Siemoneit formulierte, überglücklich darüber, endlich im Circus zu sein und kurz bevor ihm die Augen zufielen, sein Manifest: Ich will ein berühmter Artist werden, am liebsten mit Raubtieren. Ich habe ja noch ein ganzes Leben vor mir.

Der Tag wird kommen, an dem ich einen eigenen Circus haben werde, genau so groß wie dieser hier, mit vielen Tieren und den besten Artisten, die es auf der Welt gibt. Am nächsten Tag hielt die Direktion des Circus Williams einen besonderen Mikrokosmos für den neuen Mitarbeiter bereit: Er putzte Schuhe, klopfte Teppiche, wusch Geschirr ab und hatte sich mit eingeforderter Gründlichkeit den Herdplatten zu widmen, die er akribisch mit Sandpapier so zu säubern hatte, daß sie im Licht des Küchenwagens blitzten. Höhepunkte ergaben sich in der Folgezeit immer dann, wenn er mit einer Schüssel voll heißen Wassers zum Sattelgang zu laufen hatte. Das Wasser

38

benötigte der Direktor, um sich nach seiner Clownsnummer abzuschminken. Harry Williams war in diesen Momenten bester Laune, und der Küchenjunge Gerd Siemoneit nützte die Gelegenheit, um mit quälendem Unterton zu betteln: "Wann darf ich endlich zur Probe kommen?" Der Chef wiegelte ab: "Mensch, du bist doch erst ein paar Tage bei uns. Sieh dich um, alles was du jetzt siehst, wirst du später gebrauchen können. Wenn ich dich bei den Proben dabeihaben will, rufe ich dich."

Bevor er auch nur an einer Probe teilgenommen hatte, nahte das Schicksal in Person seiner Mutter. Während er gerade wieder einmal die Ofenplatten wienerte, hörte er die vertraute Stimme im Dialog mit der Direktorin. Seine Mutter stürzte zu ihm hin und halb schimpfend, aber eher erleichtert ob des Wiedersehens, rief sie: "Da bist du ja. Einfach auszureißen und uns in Sorge zu lassen. Das hättest du mir doch sagen können!"

Inzwischen hatte die Chefin Überzeugungsarbeit geleistet und der Mutter deutlich gemacht, daß man auch beim Circus Zukunftschancen haben kann. Sie ließ ihn in seiner Welt und gab ihren Segen dazu.

Ihm war nach der Zustimmung wohler. Der Rest schlechten Gewissens wich hoffnungsfroher Stimmung, denn Harry Williams ließ den Jungen wissen, daß er ihn bei den

Proben dabeihaben wollte. Mit einem Eimer voller Möhrenschnipsel, die er zur Belohnung an die Pferde zu verteilen hatte, begann die Manegenarbeit.

Nach dem Krieg gab es nur wenige Raubtiergruppen oder Elefanten, Pferde trugen das Programm wie in den Anfangstagen des Circus.

Harry Williams arbeitete mit Berber- und Haflingerhengsten. Er und seine Truppe zeigten tollkühne Aktionen auf ungesattelten Pferden. Zwei Personen bildeten eine Pyramide und sprangen im Wechsel von den laufenden Pferden auf und ab. Oder einer der Artisten nahm Anlauf quer durch die Manege, sprang ab, riß noch im Flug das

rechte Bein hoch, um mit einer Grätsche auf dem Pferderücken zu landen.

Diese Ausbildung hatte Direktor Williams auch für Gerd Siemoneit vorgesehen. Seine Stunde kam, als der Chef einen jungen Araberhengst kaufte, der zuerst einmal an der Longe an das Rundgehen in der Manege gewöhnt werden mußte. "Fax" hieß der Hengst, auf den nach einer Eingewöhnungsphase der Circusneuling Siemoneit aufsitzen sollte. Kaum saß er oben, pumpte sich das Pferd auf, so daß der Reiter kaum das Rückgrat des Tieres spüren konnte. Der Araber stieg vorne hoch, hinten hoch, dann mit allen Vieren. Sein Bezwinger dachte, er verlöre den

Kopf bei der gewaltigen Schüttelorgie. Dann blieb der
Hengst zitternd stehen. Siemoneit traktierte ihn mit den
Hacken, das Pferd bewegte sich vorwärts, der Widerstand
war gebrochen. Sein erstes aktives Eingreifen in das wahre
Circusleben war von Erfolg gekrönt.

Die Monate flogen dahin, waren von der Reise, vom
anstrengenden Auf- und Abbau bestimmt. Der Ausreißer
packte mit an, nicht immer an dem Platz, wo ihn der
Direktor hingestellt hatte. Er wollte sich umsehen, lernen,
Circus-Atmosphäre atmen.

An einem Herbsttag nahm Harry Williams eine Löwen-
nummer in das Programm auf. Den engagierten Dompteur

Reindel kannte Siemoneit aus dem Sarrasani-Bau in Dresden. Fünf prachtvolle Löwenmänner gehörten zu Reindel, an denen sich der junge Mann, der Dompteur werden wollte, nicht sattsehen konnte. Ständig trieb er sich vor den Käfigwagen herum, wäre am liebsten Reindels Tierpfleger geworden. So brachten ihm die Löwen Pech. Harry Williams haderte mit seinem Schützling, der zwar bei den Raubtieren, aber wieder nicht an seinem Platz zu finden war. Nach einigen Verwarnungen schmiß er ihn raus. Der Winter stand vor der Tür und Gerd Siemoneit dachte, der Rausschmiß wäre ein Zeichen, um zu neuen Ufern aufzubrechen.

Erst einmal kehrte er zur Familie zurück, die jetzt in Marburg lebte und die einen letzten Versuch unternahm, den Jungen in das bürgerliche Leben zurückzuholen. Er begann eine Lehre als Drucker mit dem Hintergedanken, daß er als zukünftiger Circusdirektor auch wissen müsse, wie Plakate, Programmhefte und Anzeigen hergestellt würden. Als der Frühling die kalten Tage zu verdrängen begann, fühlte sich Gerd Siemoneit wie ein Zugvogel, den es nach der Reise drängt. Er fackelte nicht lange, drehte vor der Berufsschule um, packte zu Hause einen Koffer, hinterließ einen kurzen geschriebenen Abschiedsgruß und verschwand nach Frankfurt. In der Mainmetropole heuerte

er in einem kleinen Circus am Zoo als Dressurassistent an. Das Glück in dem Familienbetrieb währte ein Jahr lang, dann entzweite sich das Direktorenehepaar und der Circus wurde aufgelöst. Gerd Siemoneit streunte von Betrieb zu Betrieb, arbeitete als Zeltbauer, Plakatkleber und Botenjunge.

Ende August 1948 reiste er mit dem Zug nach Essen zum Circus Belli. Er schaute dösend aus dem Abteilfenster in den Sommertag, als er kurz vor dem Ziel in der Nähe der Bahn ein Circuszelt entdeckte. Den Namen des Betriebes konnte er im Vorbeifahren nicht erkennen. Weil in Essen bei Belli kein Job zu haben war, erinnerte er sich an den Blick aus dem Zug. Wenn hier nichts zu holen ist, dann vielleicht dort, dachte er und reiste das kurze Stück zurück bis Gelsenkirchen. Endlich konnte er den Namen des Circus lesen, der von nun bis auf den heutigen Tag sein Leben bestimmen sollte. Halblaut sprach er ihn aus, so als müsse er ihn einem Fremden buchstabieren: B A R U M!

mit barum fängt das leben an

46

Am 5. Juni 1910 bat Arthur Kreiser die Polizeidirektion in Salzwedel darum, seinen fahrenden Betrieb aufstellen zu dürfen, der mit "Barums große amerikanische Karawanen-Menagerie" firmierte. Zwanzig Transportwagen gehörten dazu, eine eigene Musikkapelle, eine "elektrische Licht-Zentrale" und als Herzstück "Tiere aus allen Erdteilen", 15 Löwen, Tiger, Bären, Leoparden, Seelöwen, die von "erst-klassigen Tierbändigern und Tierbändigerinnen" vorgeführt wurden. Die Menagerie war 70 Meter lang und 15 Meter breit.

Als Gerd Siemoneit 1948 in Gelsenkirchen den polnischen Betriebsleiter Woitowich um Arbeit fragte, hatte der Krieg von den "Tieren aus allen Erdteilen" kaum etwas übrig gelassen. Siebzig bis achtzig Personen und ebensoviele Tiere beheimatete Barum, vor allem Pferde, einige Wildrinder und ein Lama. Arthur Kreiser und seine Tochter Margarete bildeten gemeinsam die Direktion. Mit der von Woitowich gestellten Frage "Hast schon gearbeitet in Circus? Gut, kannst du morgen anfangen als Requisiteur" trat Gerd Siemoneit in die Geschichte des Circus Barum ein, als Requisiteur, der außerdem die Bestuhlung sauberzuhalten hatte und den Artisten während der Vorstellung den Vorhang hielt. Er empfand trotz der ungeliebten Arbeit die Atmosphäre bei Barum

anheimelnd, kameradschaftlich, er hatte das Gefühl ge-braucht zu werden. Für jeden, der es hören wollte, beton-te er seine Erfahrung im Umgang mit Pferden. Die Propa-ganda kam auch dem Dresseur Kühne zu Ohren, der Siemoneit zu sich bestellte und ihn ausfragte, was er denn in den vergangenen Jahren mit Pferden zu tun gehabt hätte. Mit dem Ergebnis des Gespräches war Siemoneit hoch zufrieden: er mußte das Schulpferd reiten.

Auf den Namen "Scheich" hörte der Araberhengst, den er vor dem ersten Einsatz näher kennenlernen wollte. Stallmeister Robert Japps erlaubte ihm, das Pferd zu satteln und merkte schnell, daß sich Siemoneit geschickt anstellte.

Japps drehte sich weg und ging anderer Arbeit nach; ein Kompliment für den Neuen, der ohne Kontrolle "von oben" den Einstieg in ein neues Kapitel seiner Circuslauf-bahn beginnen konnte.

"Scheich" mußte mit Sattel geritten werden, und Dresseur Kühne sah, welche Schwierigkeiten Siemoneit, der bisher nur mit ungesattelten Pferden in der Manege geritten war, damit hatte. Kühne ging mit aller Strenge in den Proben zu Werke. Seine Schützlinge lernten viel, Galoppaden, Volten und andere Schulschritte. Der Neue zeichnete sich durch seine schnelle Auffassungsgabe aus, bekam eine Uniform verpaßt und assistierte in den Pferdegruppen während der

Vorstellungen. Er half der Ballerina aufs Pferd, führte das Tier in den Verschnaufpausen der Künstlerin.

Siemoneit fühlte sich wohl im Kreis seiner Kolleginnen und Kollegen, hauste mit sieben weiteren in einem alten englischen Materialwagen und baute zu "Scheich" eine besondere Nähe auf. Der Sommer zog ins Land, die Saison neigte sich dem Ende entgegen, und der heutige Chef des Circus Barum erinnert sich an ein besonderes Erlebnis mit der Direktorin Margarete Kreiser. Während der gesamte Betrieb ins Winterquartier zog, mußte Siemoneit zurückbleiben und ein frisch gekauftes Pferd am nächsten Tag dem großen Troß hinterherbringen. Margarete Kreiser gab

ihm zwanzig Mark, viel Geld für den Bereiter und Tierpfleger, der achtzig Mark Monatsgage erhielt.

Mit dem Zug reiste er am nächsten Tag in Richtung Einbeck, wo die Kreisers Winterquartier bezogen. Im "Gepäck" das neue Pferd. Am späten Nachmittag erreichte er den Zielbahnhof, warf dem Tier die Schlafdecke über und machte sich auf den drei Kilometer langen Weg. Wie ein Westernheld, das Pferd am Zügel haltend, zog er Stunden später in die Heimatstadt des Circus Barum ein, inzwischen ganze siebzehn Jahre alt.

Wer nun glaubt, der Circus verfalle in den trüben und kalten Monaten in den Winterschlaf, der täuscht sich

gewaltig. Um sieben Uhr stand Siemoneit im Stall und putzte seine beiden Pferde, säuberte die Raubtierwagen, in denen ein Wolf und eine Hyäne wohnten und gefüttert werden mußten. Elefanten und Löwen oder Tiger besaß Barum in dieser Zeit nicht, die Löcher, die der Krieg gerissen hatte, konnten nicht so schnell gestopft werden. Zwei weitere Jugendliche, Sonja Lischke und Heinz Garbelmann, hatten gleichzeitig mit Siemoneit bei Barum angefangen. Für die drei war der Winter die Vorbereitungzeit für die neue Saison. Ihr Lehrer hieß Schommarz. Von acht Uhr an probierte das Trio fast ununterbrochen bis zum Abend. Den ruhelosen Siemoneit, den Circusar-

beit stimulierte und nicht müde werden ließ, zog es nach der Probenarbeit in die Werkstatt, in der er fast regelmäßig den Direktor traf. Kreiser konnte einfach alles, ob es Zimmer- oder Sattlerarbeiten waren, und sein Neuer war ohne Ende neugierig und schaute dem Chef über die Schulter. Was Arthur Kreiser ihm zeigte, vergaß er nicht und sagt heute: "Ich kann es immer noch."

Eigens für das Trio Siemoneit, Lischke und Garbelmann engagierte die Direktion einen ehemaligen Reitakrobaten, der den klangvollen Namen Victor Cardinale trug und einer berühmten italienischen Reiterfamilie entstammte. Victor Cardinale machte seinen Schützlingen klar, daß

Circusarbeit zu keiner Stunde aufhört. Sooft seine Reiter ihm über den Weg liefen, animierte er sie zu Handständen, forderte sie auf, über Barrieren zu springen. Damit die Bewegungen der Artisten dem Publikum spielerisch und aus einer Leichtigkeit zu entspringen scheinen, muß der Artist diszipliniert trainieren und ständig an sich arbeiten. Allein das Stehenbleiben auf dem Pferd, das in der Manege einfach nur rundläuft, ist eine Kunst für sich. Auf den Artisten wirken enorme Zentrifugalkräfte ein, denen er sicher begegnen muß. Ob der Reiter nun freiwillig oder unfreiwillig den Pferderücken verlassen mußte, so predigte Victor Cardinale, sollte er während des Fallens auf jeden

Fall das Pferd berühren. Nur auf diese Weise habe der
Reiter die Möglichkeit, den Körper wieder nach oben zu
bekommen.

Mit der neuen Saison begann am 25. März 1949 in Alfeld
die Artistenkarriere des Gerd Siemoneit. Zum ersten Mal
war er nicht der Tierpfleger, der Assistent, sondern stand
mit seinem Können im Mittelpunkt des Publikumsinteres-
ses.

"Pfeffer und Paprika" wollte das Trio in die Nummer
legen, das Menue war angereichert mit neuen Kostümen
und feuriger Musik und sollte mit viel Gebrüll und Geschrei letzte Würze erfahren. Die Nummer schnurrte ab

wie ein gut geöltes Uhrwerk, ständiger Zwischenapplaus spornte Sonja, Heini und Gerd zu wahren Wundertaten an, die drei Artisten wuchsen über sich hinaus. Die Pyramide funktionierte, es donnerte der Applaus. Die Reckstange klappte: Heini und Gerd legten sich, auf Pferden stehend, eine Reckstange über die Schultern, an der Sonja mit gymnastischen Übungen glänzte. Natürlich liefen die Pferde derweil rund! Plötzlich verlosch das Licht, die Pferde stoppten wie vom Schlag getroffen, Heini und Gerd wurden von den Tieren katapultiert und die Reckstange quetschte den Zeigefinger des in der Feuertaufe befindlichen Gerd Siemoneit in den Boden.

Fingerverletzungen sind sehr schmerzhaft, doch der Applaus wirkte wie eine Wundersalbe. An den nächsten Tagen, mit bandagiertem Zeigefinger, arbeitete Gerd Siemoneit weiter und immer dann, wenn das Publikum dem Trio seine Gunst erwies, ließ der Schmerz nach, bis die Stauchung ganz ausgeheilt war. Wieder war ein Sommer im Circus Barum ins Land gegangen und der ostpreußische junge Mann fühlte sich in seiner neuen Rolle pudelwohl.

ein fingerzeig des schicksals

54 Von jeder Art ein Geschöpf vor der großen Flut zu retten,
lautete Noahs Auftrag im Alten Testament. In der Nachkriegszeit schlüpften die Circusleute in die Rolle des
"Vater Noah" und steuerten die Arche durch die Stürme
der Zeit. Arthur Kreiser, der Direktor des Circus Barum,
holte im Winter von 1949 auf 1950 in seine Arche zwei
Elefanten, eine Zebraherde und - der Jockeyreiter Gerd
Siemoneit wollte es kaum glauben - Raubkatzen! Aus
Dänemark kam der junge Direktorensohn Manfred Benneweis vom Circus Benneweis zu Barum nach Deutschland.
Josef Wiesner wurde ebenfalls engagiert und brachte aus
seiner einstigen großen Tigergruppe ein einziges Tier mit,

das er unter dem Künstlernamen "Losiani" präsentierte. In Wiesners Gefolge befanden sich außerdem Bären, die er an Longen vorführte. Exotik bestimmte das Programm der kommenden Saison, dem Gerd Siemoneit entgegenfieberte.

Wenn es ihn auch noch häufiger als sonst in die Ställe zog, in denen Arthur Kreiser liebevoll die Zebras streichelte oder Wiesner und Benneweis mit ihren Raubkatzen beschäftigt waren, stand im Mittelpunkt seiner Zeit die Arbeit in der Jockeyreitergruppe, die um Karin Teuchi aus Einbeck erweitert worden war. Mit ihr studierte Siemoneit ein "Pas de deux" ein, das sie auf zwei ungesattelten

Pferden zeigten. Karin und Gerd nahmen zu diesem Zweck sogar extra Ballettunterricht, um die Schrittfolgen der Tanzposen elegant zu beherrschen.

An den Tag, an dem Manfred Benneweis mit seinen Löwen anreiste, erinnert sich Gerd Siemoneit noch gut. Der Däne hatte große Ähnlichkeit mit James Dean, ein "flotter Typ", der schon in der ersten Vorstellung bewies, daß er nicht nur bestens aussah, sondern auch ein hervorragender Artist war. Und was den Circusnarren Siemoneit in seinen kühnsten Träumen bestärkte, war die Tatsache, daß Benneweis Jockeyreiter gewesen war, bevor er Dompteur wurde. Zu einer besonderen Nähe der beiden kam es

natürlich durch die gemeinsame Leidenschaft für Raubkatzen, aber auch durch die Mitwirkung Benneweis' im Jockey-Quartett des Circus Barum. Er beherrschte phantastische Schweiftricks, das heißt, er ergriff während des Rundlaufens den Schweif des Pferdes, saß auf und ließ den Sprung durch einen Salto vorwärts ausklingen.

Barum ging mit dem erweiterten Programm auf Reisen und feierte Erfolge, das Publikum strömte, die Geschäfte liefen gut. Besonders die exotischen Tiere nahmen die Menschen in ihren Bann, Benneweis' und Wiesners Großkatzen, die Zebras, Elefanten und Bären.

Der Fingerzeig des Schicksals für unseren zukünftigen

Dompteur und Circusdirektor war ein Gerücht. Es lautete: Manfred Benneweis würde in Dänemark zum Militär gezogen. Dieses Gerücht setzte sich im Hinterkopf fest und Siemoneit schlich um den Freund und Kollegen wie der Wolf um die Beute. Er quälte, wenn es denn sein müsse, daß Manfred zum Militär gezogen würde, dann könne er, Siemoneit, doch die Löwen vorführen.
Mit Blick auf die sich bietende Gelegenheit, sah er seinem Freund intensiv bei der Dressur zu. Wenn er glaubte, niemand schaue zu, stand er mit Stock und Peitsche im leeren Zentralkäfig wie ein Schattenboxer und mimte die abgeguckten Bewegungen. Natürlich gab es stille Beobachter, die plötzlich in schallendes Gelächter ausbrachen. Benneweis rügte die Lacher und hielt ihnen entgegen, Siemoneit mache seine Sache so überzeugend als seien wirklich Löwen in der Manege.
Oder er schaute sich während einer Vorstellung nur ein einziges Tier aus der Tigergruppe konzentriert an und studierte das Verhalten. Er prägte sich Mienenspiel, Körperhaltung und die darauf folgenden Reaktionen gegenüber dem Dompteur und anderen Tieren ein. Ihm fielen artenspezifische Signale auf, die von den persönlichen und charakterbezogenen der einzelnen Raubkatze zu trennen waren.

Gerüchte sind trügerisch, und wer ihnen glaubt, baut auf Sand. Nach dem vermeintlichen Schicksal meldete sich das echte, und zwar schmerzhaft. Eines morgens zum Training bekam Siemoneit ein neues, ihm unbekanntes Pferd. Mit einem Huftritt gegen das Knie des Reiters endete die neue Bekanntschaft. An den Folgen laborierte der junge Circusartist lange. Der schwere Bluterguß und die gebrochene Kniescheibe brachten ihm monatelanges Gipstragen ein. In dieser Zeit taugte er nur als Plazierer und Portier.

Im Laufe des Sommers, während das Bein nur langsam ausheilte, vergrößerte Wiesner seine Raubtiergruppe. Die Tigerin "Saida" bekam zwei Junge. Mit zwei neuen Löwen war die "Mannschaft" im Zentralkäfig nun fünfköpfig. Wie ein Heilmittel legte sich die Information auf das lädierte Knie, als Arthur Kreiser ankündigte, er wolle Wiesners Raubtiergruppe von einem Jüngeren vorführen lassen. Gerd Siemoneit fühlte sich mit zwanzig Jahren jung genug für die ersehnte Aufgabe, die nun greifbar nahe vor ihm lag. Wiesners Gruppe sollte es sein, die am Ausgangspunkt der folgenden einmaligen Dompteurkarriere stand, denn Benneweis blieb, sein Einzug zum Militär war wirklich nur ein Gerücht gewesen.

Als Ende des Sommers der Gips vom Bein genommen wurde und erste Reitversuche zeigten, daß mit diesem

Knie die Jockeyarbeit nicht mehr möglich sein würde, konnte der junge Mann im Circus noch einmal ganz von vorn anfangen. Das Pferd mit dem schnellen Huf hätte im Nachhinein eigentlich einen Orden verdient.

Die Wahl des "Jüngeren" fiel tatsächlich auf den jungen Mann aus Ostpreußen, der zum Winter 1951/52 die Proben mit den fünf Raubtieren aufnahm.

der stil der zwanziger jahre

Die Leichtigkeit des Dompteurs ist gespielt. Seine Schrittfolgen, mögen sie noch so tänzerisch sein, gleichen denen
einer Biene, das heißt, sie sind von der Natur vorgeschrie-
ben. Während die Biene ihren Signalen im Innern gehorcht
und durch "Tänzeln" vor dem Einflugloch ihren Mit-Bienen
verrät, in welcher Entfernung Nektar zu holen ist, gehorcht der Dompteur den Gesetzen seiner Katzen.
Darum verlängert er seine Arme durch Stock und Peitsche. Er schlägt nicht damit, sondern er vergrößert seinen
Sicherheitskreis, und die Raubkatzen akzeptieren - in der
Regel. Tiger und Löwen weichen zurück, wenn der Dompteur seinerseits den Sicherheitsabstand der Tiere durch-

bricht: Es entsteht gezielte und beeinflußbare Bewegung in der Manege.

Bevor Gerd Siemoneit unter der strengen Aufsicht von Josef Wiesner nur einen Schritt in das Circusrund zu den Katzen tun durfte, begann die Dompteur-Karriere des jungen Mannes ganz unspektakulär. Wiesners Tiger lernten ihren neuen Lehrmeister als Pfleger kennen. Zu Beginn fütterte und versorgte er die Katzen, und seine Geduld wurde auf eine harte Probe gestellt. Am 7. Januar 1952 war es soweit; mit dem lapidaren Satz "Jetzt müssen wir langsam anfangen", erfüllte sich für Gerd Siemoneit die schon oft geträumte Situation. Der Käfig wurde aufgebaut, er stand davor und mußte nun den ersten Schritt wagen, um den königlichen Tieren Auge in Auge gegenüberzustehen. Siemoneit erinnert sich, daß es weniger die Angst vor den Raubkatzen war, die ihn bewegte, als vielmehr die Angst, unter dem gestrengen Blick Wiesners zu versagen. In der ersten Probe arbeitete er nur mit einem Tier. Josef Wiesner stand im Zentralkäfig an seiner Seite und zeigte ihm, welche Schritte er gehen müsse, um die einstudierten Nummern absolvieren zu können. Vierzehn Tage dauerte es, bis die beiden Tiger-Söhne mit hinzugenommen wurden und schließlich auch die Löwen den Zentralkäfig betraten. Von Anfang Januar bis Mitte März trainierten

Siemoneit und Wiesner mit großer Konzentration, dann stand die Vorführung.

In der Tierhandlung Ruhe in Alfeld - damals Durchgangsstation für zahlreiche Exoten -, in der das Training stattfand, arbeitete zur selben Zeit auch Franz Kraml mit zwei Bärengruppen. Nur von ihm und Wiesner konnte der neugierige und wissensdurstige, gerade frischgebackene Dompteur lernen. Es gab zu wenig Erfahrungwerte aus der Arbeit mit Raubtieren. Dompteure, die sich zu Beginn des Jahrhunderts in die Zentralkäfige begaben, kamen nicht selten darin um. Die meisten Dompteure waren ehemalige Raubtierkutscher, die den Willen der Tiere brachen und sie sich in der Manege gefügig machten. Das war die Zeit, als Tiere in erster Linie Nutztiere waren, Pferde in den Bergwerksgruben eingesetzt oder vom Bierkutscher den Berg hochgepeitscht wurden. Erst die Technisierung brachte nicht nur bessere Lebensqualität für die Menschen, sondern auch eine andere Einstellung gegenüber den Tieren als Mitgeschöpfen, deren natürliche Eigenarten und Bedürfnisse es zu respektieren gilt.

Erst jetzt begann man, sich Gedanken über artgerechte Tierhaltung und partnerschaftliche Tierlehre zu machen. Die Dressurschule Hagenbeck brachte die Wende, indem sie die "humane Dressurschule" begründete, in der das

Tier nicht Untertan, sondern Partner des Dompteurs 65
wurde. Nicht mehr der ach so mutige Dompteur, der den
vermeintlich bösen Bestien entgegentrat, sondern die
Tiere selbst mit ihrer natürlichen Schönheit, ihren Bewegungen, ihrem Verhalten standen jetzt im Mittelpunkt der
Vorführungen. Die Tierlehrer lernten, ihren Intellekt
einzusetzen, um die Charaktere der Katzen zu nutzen,
statt sie zu verängstigen. Das Erkennen gruppendynami-
scher Prozesse und Verhaltensanalysen muß ein Dompteur seinem eigenen Gespür zuaddieren und in Sekunden
abrufbereit haben, um gute Arbeit in der Manege zu
leisten.

Tiere haben eine Seele, wer mit ihnen "sprechen" will - und nichts anderes wollte Gerd Siemoneit in seinem neuen Beruf erreichen - muß wissen, daß die Raubkatzen Freundschaft und Zuneigung empfinden können, die aber erst vom menschlichen Partner in der Manege gewonnen werden müssen.

Wiesners Raubtiergruppe entsprach in ihren Auftritten völlig dem Stil der zwanziger Jahre, und Gerd Siemoneit bekam nicht die Entfaltungsmöglichkeiten, um mehr Bewegung und Schönheit des Ausdrucks in die Aufführung zu bringen. Die "flotte Linie", die er sich vorstellte, scheiterte am Widerstand seines Chefs. Ihm widerstrebte die "Tigerrasur", die Saida über sich ergehen lassen mußte, oder die Nummer, in der ein Löwe eine Kanone abfeuerte. Das war ihm zu platt, dabei stand ihm das Tier in seiner eigenen Eleganz zu wenig im Mittelpunkt.

Er versuchte, das Beste daraus zu machen. Während der Trainingswochen erwarb er größere Sicherheit, seine Bewegungen wurden sparsamer, wirkten nicht mehr nervös. Außerdem schluckte das Gefühl, ein "ganz großer Dompteur" zu sein, die Bedenken gegen die Art des Programms, wie Wiesner es vorgesehen hatte. Siemoneit bekam Gänsehaut, wenn er nach der Vorstellung noch eine Kneipe besuchte und die Gäste, die als Zuschauer im

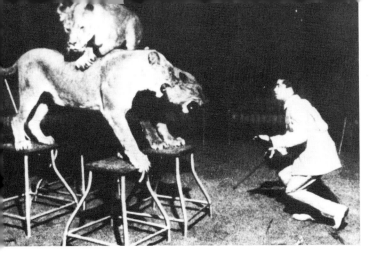

Circus gewesen waren, tuschelten: "Das ist doch der Raubtierdompteur".
Dennoch spitzte sich das Verhältnis zu Wiesner zu, der überhaupt nicht auf Änderungsvorschläge seines Dompteurs reagierte. Siemoneit wollte das Handtuch werfen, beklagte sich bei Kollegen. Die sagten ihm, er müsse durchhalten; wer während der Saison einen Circus verlasse, würde nie mehr eine Anstellung bekommen.
Er blieb und hielt die positiven Seiten der Partnerschaft zu seinem Lehrmeister gegen seine eigene Unzufriedenheit.
Da Wiesner immer mit dabei war, ersparte er seinem Dompteur Unfälle und Schrammen. Außerdem darf man

nicht gleich Reißaus nehmen, wenn nicht alles so läuft, wie man es sich vorgestellt hat, sagte er sich.
Die Wende kam in Gestalt von Manfred Benneweis, der ihn eines Abends in ein Hotel einlud. Manfreds Bruder Eli, Direktor des berühmten dänischen Circus Benneweis, saß mit am Tisch und die drei begannen, erfreut über das Wiedersehen, zu plauschen. An die entscheidenden, wenn auch kurzen, Passagen des Gespräches erinnert sich Gerd Siemoneit noch genau. Eli Benneweis: "Findest Du Manfreds Löwengruppe immer noch toll?". Siemoneit: "Sicher!". Eli Benneweis: "Willst Du sie haben?". Siemoneit, der vom Stuhl aufsprang und dabei fast den Tisch umwarf:

68 "Ja klar doch!"
Sechs Löwen gehörten zu Manfred Benneweis' Gruppe,
die Gerd Siemoneit vorführen sollte, während Manfred
eine von Franz Kraml gekaufte Tigergruppe bekam.
Mit den Löwen, so schoß es Siemoneit durch den Kopf,
würde er endlich kreativ arbeiten können. Die Freundschaft zu Manfred, der neue Circus, die Verwirklichung
eigener Dressurvorstellungen versprachen schöne Zeiten.
Mit leicht gesenktem Haupt ging Gerd Siemoneit zu Josef
Wiesner und teilte ihm seinen Entschluß mit. Er nahm
Abschied und bedankte sich bei dem Mann, der ihm die
ersten Schritte im Zentralkäfig ermöglicht hatte.

royal fordert den chef heraus

Nerven wie Drahtseile, fast übermenschliche Geduld und ein beinahe grenzenloses Einfühlungsvermögen muß ein Dompteur besitzen. Der hautnahe Umgang mit Raubtieren verlangt ihm alles ab, für seine Umwelt steht er nicht mehr zur Verfügung, Einflüsse von außen hält er von sich fern, denn sie übertragen sich sofort auf die Tiere. Nervosität, Unausgeglichenheit, Erregung oder - viel schlimmer - Geistesabwesenheit können tödlich sein. Tritt er den Königen des Tierreiches aber ausgeglichen und positiv motiviert entgegen, merken sie auch das und lassen sich auf ihren Lehrmeister ein, der wiederum sein Risiko vermindert.

Manfred Benneweis und Gerd Siemoncit, 22 und 23 Jahre jung, trafen mit diesem Wissen in Alfeld bei Franz Kraml ein, der die neue Tigergruppe an Manfred übergab. Kraml war einer der wesentlichen Dompteure jener Zeit, der sich Ausgeglichenheit über seine poetische Ader verschaffte. Er sammelte und las Gedichte. Als die beiden jungen Männer mit den Tigern nach Leipzig zu einem Egangement im Circus Aeros aufbrachen, war ihnen mulmig zumute. Manfred Benneweis hatte die Tiger noch nicht richtig im Griff und dachte mit Schrecken an die Premiere. Auftritt in Leipzig! Der junge dänische Dompteur präsentierte ein haarsträubendes Durcheinander. Siemoneit, der am Rand

der Manege die gefährlichen Situationen beobachtete,
schwitzte Blut und Wasser. Die Tiger waren ruppig und
agressiv, sie kannten den Publikumslärm nicht, nicht die
Musik und die fremden Gerüche. Unter Kramls Regie
hatten sie bisher nur in der ruhigen Halle gearbeitet und
Manfred Benneweis war es nicht gelungen, ein Miteinander
zu finden. Die Helfer trieben die Tiere mit Stangen auseinander. Gottseidank erkannte das Publikum die Gefährlich-
keit der Situation nicht und meinte, spannenden, gewollten
Nervenkitzel vorgesetzt zu bekommen.
Siemoneit wollte seinem Freund helfen, indem er intensiv
mit der Löwengruppe zu arbeiten begann. Im Geist hatte

er die Tiere schon tausendmal vorgeführt, und sein von den Kollegen verlachtes "Schattenboxen", die pantomimische Dressur ohne Löwen, half ihm nun, in nur drei Tagen die Nummer stehen zu haben. Die Löwen kannten Manegenatmosphäre, und Siemoneit stellte sie souverän dem Publikum vor, so daß Benneweis Zeit erhielt, mit seinen Tigern weiter zu proben, um die eigene Nummer zu festigen.

Die Situation entkrampfte sich. Siemoneit und Benneweis lebten im Osten wie Götter in Frankreich. Die beiden Westler wurden vom Publikum und von den Kollegen akzeptiert, die Stimmung war ausgezeichnet.

Sie hatten sich gerade bei Acros eingelebt, als Gerd Siemoneit Ende März 1953 zurück zum Circus Barum gerufen wurde. Er freute sich auf ein Wiedersehen mit Arthur Kreiser, seinem Circus-Vater, dem er soviel zu verdanken hatte. Mit Bestürzung mußte er zur Kenntnis nehmen, daß der Mann, der ihm die erste wirkliche Chance für die Artistenlaufbahn gegeben hatte, inzwischen gestorben war. Siemoneit dachte, es sei sicher im Sinne des Verstorbenen, wenn er sich intensiv seiner neuen Aufgabe zuwenden würde, die ihm im Circus Barum zugedacht war. Mit zusätzlichen Benneweis-Löwen sollte er eine riesige Gruppe aufbauen. Der Mund blieb ihm offen

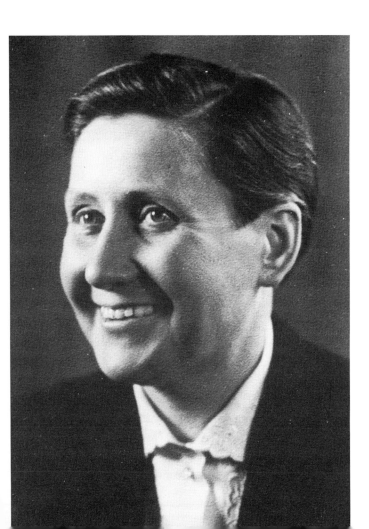

stehen, als er zum ersten Mal vor den vier Raubtierwagen voller Löwen stand. 25 Tiere unterschiedlichen Alters zählte er. Eli Benneweis hatte sie ihm mit dem Kommentar zugedacht: "Eine so große Gruppe birgt einmalige Möglichkeiten. Wenn sie einer vorführen kann, dann nur Siemoneit." Kollegen warnten, das sei niemals zu schaffen und man könne ihm nur Glück wünschen.

Siemoneit ließ noch einmal den Blick über seine neue "Mannschaft" schweifen und sagte zu!

Der heutige Chef des Circus Barum weiß noch genau, welche Gedanken ihn bewegten: "Egal, ob ein Löwe sehr gereizt oder nur etwas ärgerlich mit der Pranke nach dem

Dompteur schlägt oder ob er ihm nur einen für seine Verhältnisse gutmütigen Stups geben will, dieses Tier ist so unglaublich stark, hat so messerscharfe Krallen und einen solch immensen Kaudruck in den Kiefern, daß der im Gegensatz zum Löwen schwache Mensch fast immer verletzt wird, wenn er ihn, ob im Guten oder Bösen, berührt. Selbst beim Spiel mit jungen Löwen darf man sich der Umarmung ihrer Pranken nicht entziehen, weil sie nicht anders können und ihrem Trieb gehorchend ihre Krallen ausfahren müssen, so daß man sich beim Zurückziehen die Knochen aufreißt, ohne daß das Tier etwas dabei tut."

Gedanken hin, Gedanken her; nichts konnte ihn davon abhalten, die Sache zu wagen. Er begann, die Tiere "platzsicher" zu machen, ihnen zu zeigen, wo sie in der Manege ihren Standort einnehmen mußten. Bei den ersten Proben kam es zu ständigen Beißereien und Prankenhieben gegen den Dompteur. Wenn Siemoneit morgens um neun Uhr zum täglichen Appell erschien, war er häufig schon im Krankenhaus gewesen, um sich Risse an Armen und Beinen verarzten zu lassen. Seit sieben Uhr hatte er mit seinen Löwen geprobt. Die Aufgabe reizte ihn ungemein. Die so unterschiedlichen Mitglieder der Gruppe mußten zu einer sozialen Einheit verschmolzen werden. Ständige

Proben, ständiger Kontakt führten bereits nach drei Monaten dazu, daß Siemoneit zur Freude seines Publikums mit 18 Löwen in der Manege arbeitete.

Der Charakterschauspieler in der Gruppe war "Royal", der Leitlöwe. Mit ihm führte Siemoneit die besten Kunststücke vor, die das Publikum begeisterten. Doch Charakterschauspieler sind schwierige Geschöpfe. Artgenossen gegenüber verhielt er sich ruppig, es kam zu schlimmen Beißereien, die mit glimpflichen Verletzungen endeten, da der König einen wesentlichen Makel hatte: Er besaß zum Glück verkümmerte Krallen.

"Royal" antwortete auf jede Bewegung seines Dompteurs mit lautem Gebrüll. Er setzte sich für eine spezielle Nummer auf ein hohes Postament und legte sich dann so wie ein Löwe an der Tränke zu beobachten ist. Er beugte sich zu Siemoneit herab, der im Mund einen Zahnstocher hielt, auf den ein Stück Fleisch aufgespießt war. Durch die Lage drückte das volle Gewicht des Löwen auf seine Vorderpranken, so daß er nicht schlagen konnte. Dann nahm er behutsam, ja fast zärtlich das Fleisch von den Lippen seines zweibeinigen Manegenkollegen. Eine riskante Sache, erinnert sich Siemoneit. Was wäre gewesen, wenn "Royal" heftiger zugeschnappt hätte?

Der Leitlöwe war von königlicher Schönheit. Obwohl sein

Tierfreundschaft im Circus Barum

Gesicht von Narben aus den Rangkämpfen übersät war, verliehen ihm die Schmisse ein liebenswertes Aussehen. Er schaute so verschmitzt aus der gewaltigen Mähne, daß man ihn einfach gern haben mußte.

Und das Publikum liebte ihn auch und feierte den Dompteur und seine achtzehn Löwen stürmisch.

Auch Eli Benneweis sah sich die Nummer an und fühlte sich bestätigt in seiner Aussage "wenn das einer kann, dann Gerd Siemoneit". Doch sein Besuch bedeutete zugleich auch das Ende dieser Riesennummer, denn er opferte den ursprünglichen Plan der Gruppe mit 25 Löwen einem anderen lukrativen Vertrag. Sechs Elefanten und nur zehn Löwen sollten ab November 1953 mit dem Circus Apollo den Nahen Osten bereisen, genauer Griechenland und die Türkei. Natürlich erkor er Siemoneit für die Löwen aus und tröstete den mutigen und kreativen Dompteur: "Gerd, ich weiß, daß hinter dieser Leistung eine ungeheure Arbeit steckt, aber du mußt mich verstehen." Alle Risiken, alle Kratzer und Wunden für die Katz. Der Dompteur fügte sich und tröstete sich mit der Anerkennung seiner Leistung. Er hatte es geschafft, achtzehn unterschiedliche Löwenindividuen so zu präsentieren, daß er seinen Ruf als exzellenter Raubtierexperte in der Branche weghatte. Die Zeit bis die große Reise nach

Athen begann, überbrückte Gerd Siemoneit mit einem Zwischengastspiel im Circus Paula Busch. Diese Aufgabe hatte ihren Reiz, denn Barum tingelte mehr oder weniger durch die Provinz, während Busch in Großstädten spielte. Siemoneit ersetzte den Programmpunkt, den sonst Gilbert Houcke, ein französischer Tierlehrer, mit einer Tigergruppe bestritt. Der war zu Filmarbeiten unterwegs.
Der Wechsel geschah über Nacht: Am Abend trat der junge Star noch im Circus Barum auf und kam am nächsten Tag buchstäblich auf die letzte Sekunde bei Busch an. Kleines Training am Nachmittag, und am Abend ab in die Manege. Kaum standen die Käfigwagen, da öffnete sich der

Tunnel, und die Vorstellung begann. Von der Bahnfahrt, der anderen Orchestermusik und der ganzen Hektik nervös gemacht, brach unter den Tieren im Zentralkäfig die schönste Rauferei los. Siemoneit führte nicht vor, er "wehrte" sich durch die Nummer. Ein großes Rudelspringen über die Postamente beendete seinen ersten Auftritt im Circus Busch. Die Löwen stürzten gleichzeitig auf den Ausgang los. Sie erschütterten den Rundkäfig, daß er mächtig ins Wanken geriet, was wiederum die Zuschauer für gewollt und spannend hielten. Sie applaudierten frenetisch. Auch der geschäftsführende Direktor war von der Spannung, die Siemoneit mit seinen Löwen erzeugt

hatte, so beeindruckt, daß er dem jungen Mann gratulierte und ihm eine große Zukunft im Circus prophezeite. Paula Buschs Reaktion fiel gemäßigter aus. Sie äußerte zwar Begeisterung und sagte, sie sei sehr beeindruckt, aber warnend wandte sie sich an ihren neuen Artisten: "Lieber Gerd Siemoneit, was für ein Risiko gehen sie ein? Nehmen sie den einen Löwen aus der Gruppe, der immer rüberspringt und auf die anderen losgeht. Sie werden sehen, der wird sie ins Unglück stürzen." Sie meinte den Liebling des Dompteurs, seinen verschmitzten, aber rauflustigen "Royal". Wie Recht sie hatte, erfuhr Gerd Siemoneit auf dem Balkan, als Royal der Auslöser der fast tödlichen

Katastrophe wurde.
Zur Chefin gewandt, wiegelte er ab. "Royal" sei sein bestes Tier, dennoch bedanke er sich für den Rat und wolle ihn überdenken. "Royal" blieb in der Gruppe und trat gemeinsam mit den anderen Löwen und dem "Prince of the Cats" die Reise auf den Balkan an.

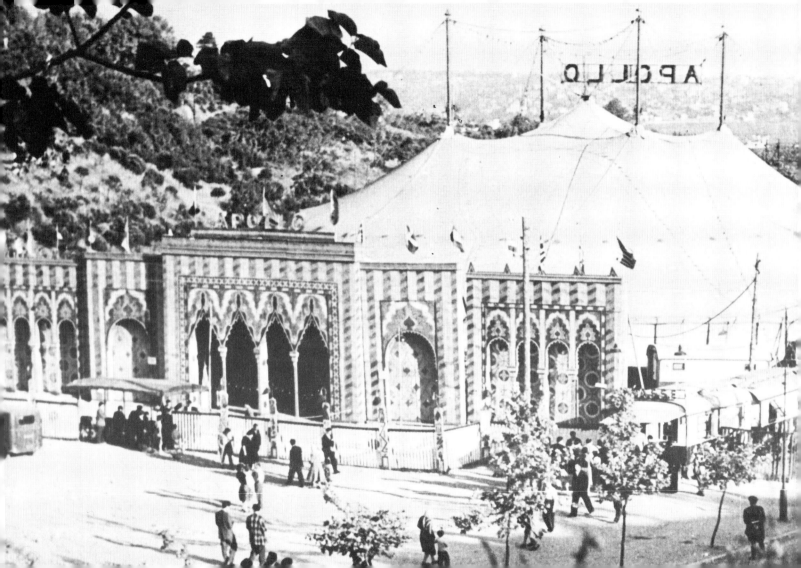

wassermärchen und kitzlige

elefanten

Die Manege verwandelte sich in einen See, auf dessen Wasserspiegel die bunten Lichter zu einem Regenbogen zusammenschmolzen. Über das Gewässer führte eine Brücke. Aus der Circuskuppel spie ein Drachenmaul Wasserkaskaden hinunter. Als der Drache schwieg und der künstliche Schwall versiegte, flatterte auf der Empore, die durch zwei geschwungene Treppen mit dem Boden verbunden war, ein großer Schmetterling mit seinen farbenprächtigen Flügeln nach der Musik aus der Oper Hoffmanns-Erzählungen. Dort, wo sich der See zu einem kleinen Hafen in der Nähe des Sattelganges verjüngte, sammelten sich Schwäne, Pelikane und Flamingos, die majestätisch auf die Mitte der Wasserfläche hinausschwammen. Ihnen folgten venezianische Sänger in einer Gondel und von den Treppen herab tanzten sechzehn Balletteusen. Das Märchen gipfelte in einer Szene, in der Schwimmerinnen eine Seerose zogen, in deren Blütenkelch eine kleine Wassernixe lag. Der Circus Apollo brachte sein südländisches Publikum in Athen, Pyräus und Saloniki an den Rand der Raserei. Direktor Emil Wacker wußte, was die Griechen liebten und sehen wollten. Nach Beendigung seiner Österreich-Tournee war er in den sonnigen Süden gereist. In Graz kuppelten die Eisenbahner auch die Löwen-Waggons von Gerd Siemoneit an den Zug, der sich

in Richtung Balkan auf den Weg machte. Die Reise war anstrengend für Tier und Mensch. Wenn der Zug hielt, schafften Siemoneit und der ihn begleitende Tierpfleger Wasser und Futter herbei. Während eines Stops in Jugoslawien versorgten sie gerade ihre Tiere, als der Zug plötzlich ruckte und seine Fahrt fortsetzte. Die Waggontüren waren noch geöffnet, der Dompteur und sein Assistent standen auf dem offenen Wagen, als der Zug in einen Tunnel einfuhr. Donnernder Lärm quälte die Trommelfelle und der Rauch der Lokomotive drohte das Duo zu ersticken, das geistesgegenwärtig Sägespäne mit Speichel befeuchtete und dieses Gemisch als Atemmaske benutzte.

Nach drei Tagen erreichte der Circuszug sein Ziel: Athen, die Hauptstadt Griechenlands. Fasziniert schaute sich Siemoneit um, der zum ersten Mal in seinem Leben einen Fuß auf ausländischen Boden setzte.
Am liebsten wäre er gleich in die Stadt aufgebrochen, doch zuerst mußten die Tiere versorgt und zum Platz transportiert werden. Dann machte er sich auf den Weg und gab sich den fremden Eindrücken hin. Von der langen Reise hungrig, wurde seine erste Begegnung mit der griechischen Bevölkerung durch die einheimische Küche beeinflußt. Vor einer Taverne zogen ihm die schönsten Düfte unter die Nase, und ein freundlicher Wirt bat ihn in die Küche,

öffnete ihm alle Töpfe, ließ ihn schmecken und schauen. Liebe geht durch den Magen. Gerd Siemoneit genoß die Schönheit des geschichtsträchtigen Landes in Form von zartem Lammfleisch, Schafskäse und herrlich würzigen Gemüsen. Während des gesamten Athen-Aufenthaltes des Circus Apollo blieb er Gast in diesem Haus, dessen Wirt ihm Griechenland von seiner besonders schmackhaften Seite gezeigt hatte.

Unter der griechischen Sonne verliebte sich der Herr der Löwen in die Ballettänzerin Inge. Sie tanzte mit der Alberti-Truppe in der Wasserpantomime und - möglicherweise war auch eine Spur Heimweh im Spiel - sie stammte wie er aus Ostpreußen. Nach den Vorstellungen saßen sie zusammen und sprachen über ihren Lebensinhalt, den Circus. Viele gemeinsame Ansichten über das Leben unter dem Chapiteau schmiedeten das Band zwischen den beiden jungen Menschen fester und sie heirateten wenig später.

Die gesamte große Circusfamlie genoß den Aufenthalt. Getragen von der stürmischen Sympathie des Publikums feierten sie große Erfolge. Selbst der griechische Kronprinz gab den Artisten die Ehre und war hingerissen von den Menschen, den Tieren und den Sensationen, die er zu sehen bekam.

In Pyräus mußte eine lebende Mauer aus Elefanten den Circus vor dem Publikumsandrang schützen. Die Bevölkerung hatte seit Menschengedenken einen so großen Klasse-Circus nicht mehr gesehen.

Hans Nielsen "kommandierte" die Elefantenherde, mit der einige Abenteuer während der Tournee zu bestehen waren.

Dazu mußte der Circus Apollo von Griechenland in die Türkei weiterreisen. Drei Sonderzüge transportierten das märchenhafte Unternehmen von Saloniki nach Istanbul.

Der Orient nahm die Europäer gefangen. Siemoneit lauschte den Rufen der Muezzins, der Eseltreiber, der Limonaden- und Pastetenverkäufer. In das fremdartige Stimmengewirr mischten sich die orientalischen Düfte. Tausende von Menschen zog es am Verladeplatz zusammen. Sie steckten ihre Nasen durch die Absperrgitter der Tierkäfige und kletterten auf die Wagen. Erst die Polizei sorgte für einen geordneten Abzug. Wie eine Handelskarawane zogen die Circustiere an der Hagia Sofia vorbei, der Moschee des alten Konstantinopel. In der Nähe des Stadions bauten sie ihre Wagenburg und richteten Gestänge, Zuschauerbänke und Manege her, verzichteten aber ob der großen Hitze auf die Zeltkuppel. Gespielt wurde am späten Abend, wenn ein laues Lüftchen die

Akteure erquickte und der Sternenhimmel die Circuskuppel war.

Tagsüber litten vor allem die Tiere unter der brütenden Hitze. Siemoneit spannte zusätzliche Sonnensegel über seine Käfigwagen, um den Löwen das Leben im Orient so erträglich wie möglich zu gestalten.

Dann begannen die Schwierigkeiten mit den Elefanten. Eine Fähre sollte den Circus nach Kadiköy übersetzen, der nächsten Station der großen Balkantournee. Die Wagen über die schwankenden Planken an Bord zu fahren, war kein Problem; aber Elefanten hinüber laufen zu lassen, erinnerte an einen schwierigen Seilakt, und Hans Nielsen wurde ob der Gedanken daran immer nervöser. Es kam wie es kommen mußte. "Toni" war der erste Elefant, der den unsicheren Übergang betrat. Genau in diesem Augenblick verursachte das seichte Wiegen des Schiffes einen Rutscher der Planken. "Toni" drehte sofort um und eilte zurück an Land. Nicht mit Futter und beruhigenden Worten war er zu bewegen, noch einmal den schwankenden Weg zu versuchen.

Die Witze von der Maus und den Elefanten sind in Wahrheit nur halb so witzig wie sie erscheinen. Elefanten, die größten Landtiere unserer Erde, so ruhig und gemütlich sie auch scheinen mögen, sind überaus ängstlich. Diese Angst

oder Scheu treibt sie leicht in Panik. Nicht etwa Angriffs-lust macht sie gefährlich, sondern Angstreaktionen sind es. Sie flüchten und Siemoneit, der das Geschehen am Schiff beobachtete, dachte, wenn unsere Herde jetzt aus Panik Amok läuft, tritt sie alles, was im Weg steht, in Grund und Boden. Oberstes Gebot der Elefantenpfleger ist es, ruhig zu bleiben, nicht durch eigene Unruhe die Panik der Tiere zu verstärken, sondern mit scheinbarer Gelassenheit den Elefanten Vertrauen zu geben. Nielsen hatte ein Handicap und das war seine Stimme. Er war ein überaus guter Dompteur, der seine Elefanten und die Arbeit mit ihnen liebte. Nur, seine Stimme taugte dazu nicht. Sprach er

leise, klang es näselnd, versuchte er laute Kommandotöne, klang es hysterisch schrill. In der Regel genügte seine Ausstrahlung, um sich den Tieren zu vermitteln. Doch in der Situation am Schiff war er überfordert. Siemoneit, der schon früh von leidenschaftlicher Zuneigung zu allen Wesen, die vier Beine haben, bewegt war und getrieben von dieser Leidenschaft die Circustiere genau beobachte-te, sah einen Weg für die Elefanten an Bord des schwan-kenden Schiffes. Er bot dem Kollegen Hilfe an, der dankbar akzeptierte. Siemoneit nahm sich "Zitta", das Elefantenba-by, und ging mit ihm voran. Das Jungtier sollte die Elefan-tenkühe locken. Eine Hand legte er dem Elefanten hinter

das Ohr, so daß er jeden Schritt, jede Bewegung fühlen konnte und vorsichtig tasteten sie sich über die Planken voran. Hinter ihm begannen die Alt-Elefanten erst zu trompeten, dann stimmten sie ein infernalisches Gebrüll an, daß es dem Kapitän Angst und Bange um sein Schiff wurde. In dem Moment, in dem sich "Zitta" umdrehen wollte, um zur Herde zurückzulaufen, stürmten die grauen Riesen von Land hinter ihrem Jüngsten her auf das Schiff. Es schwankte gottserbärmlich, doch der Herdentrieb verdrängte die Angst der Dickhäuter. An Bord begrüßten sie sich. Sie standen im Kreis, die Köpfe nach innen, betasteten sich mit den Rüsseln und quietschten vor

Freude. Siemoneit und Nielsen waren glücklich, die Elefanten auf dem Schiff zu haben.

Kadiköy war ein gottverlassenes Nest. Zwischen Unrat und zerfallenen Hütten baute der Circus auf. Es gab keinen direkten Wasseranschluß, das kostbare Naß mußte in Fässern herbeigeschafft werden. Ein halber Tag verging, bis genug Wasser für Tiere und Menschen herangekarrt war. Nielsen hatte es diesmal mit seinen Elefanten einfacher. Er ging mit ihnen zum Strand und die Dickhäuter badeten im Bosporus. Sie spielten und bespritzten sich mit Wasser und mitten in dem wilden Getöse bahnte sich der zweite Zwischenfall an. "Takko" brach aus der Herde aus und schwamm ins offene Meer hinaus. Nielsen brüllte wie am Spieß. Alles Rufen half nichts. Er stürzte sich ins Wasser und versuchte, "Takko" schwimmend einzuholen. Und wieder hatte der Raubtierdompteur die rettende Idee. Siemoneit kannte das Kommando, mit dem Nielsen die Elefanten bewegte, das rechte Vorderbein zu heben. Er schrie es, und die am Ufer stehenden Tiere hoben das Bein. Bei seinem Kollegen hatte er gesehen, daß "Toni" besonders kitzelig war und heftig reagierte, wenn man ihre Brustwarzen rieb. Siemoneit kitzelte, "Toni" trompetete laut los, und die anderen Tiere fielen sofort in das Konzert ein. Wie ein Donnerhall grollte es über das Wasser und

erreichte die empfindlichen Ohren des schwimmenden "Takko". Für ihn war es ein Notruf. Vom Ufer aus beobachte Siemoneit, wie das Tier umdrehte und in Richtung Ufer schwamm. Als "Takko" festen Boden erreichte, trabte er so wild durch das Wasser, daß es aufschäumte. Ein majestätischer Anblick.

Der Circus Apollo reiste nach einigen Vorstellungen an dem tristen Ort weiter nach Ankara. Den Artisten schien es, als seien sie aus der Wüste in die Zivilisation zurückgekehrt. Ein schöner Platz, von kleinen Wäldern umgeben, spendete Schatten. Die Temperaturen waren so, daß wieder ohne Zeltkuppel gearbeitet werden sollte,

doch während der Premierenvorstellung erwies sich dieser Plan als Flop. Paolo, der Jongleur, konnte nur bei absoluter Windstille arbeiten. Jeder Reifen hatte sein genaues Tempo und seine Bahn und schon die kleinste Brise zerstörte diese Ordnung. Paolo patzte und war vergrätzt. Als nach der Pause der Drache Wasser in den künstlichen See spie und der Wind die Kaskaden bis ins Publikum trieb, wußten die Artisten, ohne Zeltkuppel würde es nicht gehen.

Dann nahm das Schicksal seinen Lauf. Der Löwe "Royal" mit seiner schwarzen Mähne, dieses Abbild eines Wüstengottes, stänkerte wieder einmal, und dem Dompteur in der Manege fielen die mahnenden Worte der Circusdirektorin Paula Busch ein "Sie werden sehen, der wird sie ins Unglück stürzen". "Senta" war es schließlich, die den wagemutigen Dompteur so schwer verletzte.

Im Krankenhaus von Ankara, nach langen und schwierigen Operationen, offenbarte sich im Gespräch mit dem behandelnden Arzt die Standhaftigkeit und Willensstärke des Circusartisten. Fünfzehn Wunden mußten behandelt werden, die gefährlichste war die Verletzung durch einen Reißzahn, der fast das rechte Bein vom Rumpf getrennt hätte. Wären die Bisse etwas höher angesetzt gewesen..., nicht auszudenken!

Trotz der Narkose, so berichtete ihm der Arzt, habe er ständig geredet und wiederholt, daß alle Biß- und Prankenwunden nur halb zugenäht oder geklammert werden sollten, damit die zu erwartenden Sekrete eine Abflußmöglichkeit hätten. Der Arzt: "Ich habe dem entsprochen, weil es mir plausibel erschien. Verletzungen durch Raubtiere behandele ich zum ersten Mal."

Die im Unterbewußtsein gespeicherten Erfahrungen, die Siemoneit aus den Gesprächen mit erfahrenen Dompteuren gewonnen hatte, gab er schwerverletzt und von Narkotika betäubt weiter. Er hatte viel, viel Blut verloren, fühlte sich nach der Operation schwach und hinfällig.

Dennoch fragte er den Arzt, wann er wieder zu seinen Tieren könne.

Der Heilungsprozeß brauchte Zeit, die Wunden eiterten. Siemoneit lag im Fieberdelirium und hatte Gelegenheit, über sein bisheriges Leben, seinen Weg zum Circus und seine Arbeit nachzudenken. Auf dem Krankenbett in Ankara zog er Bilanz und dachte über Zukunftsvisionen nach.

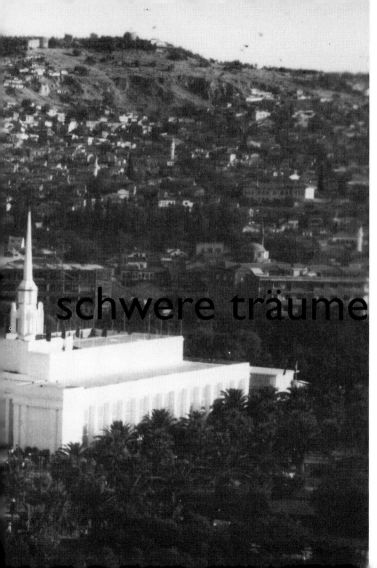

schwere träume von grauen riesen

Wie muß der lange Krankenhausaufenthalt in Ankara diesen Mann gequält haben, der als Junge von 13 Jahren nur von der Idee besessen war, mit dem Circus auf Reisen zu gehen. Mit Raubtieren wollte er arbeiten, die eleganten Tiere einem großen Publikum an ständig wechselnden Orten präsentieren. Ausdauernd, das Ziel niemals aus den Augen verlierend und in keiner Situation mutlos, erfüllte er sich seine Wünsche. Und nun? Sterile Krankenhausatmosphäre, still liegen, kein stetiger Aufbruch zu neuen Ufern. Gerd Siemoneit hielt es nicht mehr aus, zumal der große Teil der Wunden verheilt war. Nur der lange Riß am linken Oberschenkel, die schmerzhafte Spur von Sentas

Fangzahn, machte weniger dem Betroffenen, sondern vielmehr den Ärzten zu schaffen. Siemoneit drängte auf Entlassung, er wollte zurück zu seinem Circus und seinen Tieren, endlich wieder arbeiten, die Freiheit genießen. Der Stationsarzt jammerte, er würde seinen Job verlieren, wenn er den Dompteur gehen ließe. Der Patient setzte seine Überredungskünste ein, unterschrieb, daß er sich noch insgesamt 25 Tollwutspritzen in den Körper jagen lassen würde. Den Arzt muß das Mitleid überfallen haben. Letztendlich gab die Zusicherung Siemoneits den Ausschlag, der Circusarzt könne die weitere Behandlung vornehmen. Der Dompteur, die Flucht aus dem Kranken-

bett greifbar nahe vor Augen, versprach brav liegen zu
bleiben, bis der Circusarzt ihm das Aufstehen erlaube.
Sie ließen ihn ziehen. Siemoneit packte seine Habseligkei-
ten zusammen, humpelte zum Taxi, das ihn zum Flugplatz
fahren sollte. Bevor er einstieg, bückte er sich nach der
Reisetasche und merkte in diesem Moment, wie die
Wunde riß und es warm an seinem Bein herunterlief. Nur
nicht zurück! Vorsichtig eingestiegen, eine bequeme
Position gesucht und ab, auf die Reise. Eine alte Dakota
brachte ihn nach Izmir zum Circus Apollo. Halb liegend, so
weit es die Enge des Flugzeuges erlaubte, verbrachte Gerd
Siemoneit den Flug. Den Schmerz unterdrückend, den

Blutfluß ignorierend, konzentrierte er seine Gedanken auf
die Zukunft. Nur nicht unterkriegen lassen!
Circusarzt Dieter Ruge sah die Bescherung und reagierte
nicht mit feinem Ärztelatein. Er fluchte wie ein Droschken-
kutscher und schickte den Herrn der Löwen sofort ins
Bett. Der Doktor nähte die Wunde nicht, sondern meinte
barsch, nun müsse man sie von innen heraus heilen lassen.
Siemoneit ließ es geschehen, der erneute Blutverlust
machte ihn müde. Erschöpft sank er in die Kissen.
Schon am Morgen des nächsten Tages war der Lebenswille
wieder erwacht. Siemoneit hinkte in die Manege und
begann endlich wieder mit den Proben, die nur unterbro-

chen wurden durch den aufmerksam gewordenen Circus-
arzt, der schlimmste Verwünschungen in Richtung seines
Patienten schleuderte. Der konterte aus sicherer Distanz,
durch seine Löwen vor dem Zugriff des wildgewordenen
Doktors geschützt: Der Medizinmann könne ihn mal...
Wutschnaubend zog sich die Gesundheitsinstanz des
Circus zurück. Siemoneit konnte in Ruhe proben.
Senta ließ er im Wagen, die Löwin die ihm durch ihre
Attacke einen tiefsitzenden Schock beigebracht hatte. Das
Trauma wirkte noch nach, der Dompteur mußte zuerst
seine innere Sicherheit wiederfinden. In der Arbeit mit den
anderen Tieren legte er langsam die Erinnerung an die

furchtbaren Ereignisse ab. Er hatte dem Tod in die Augen
geschaut, war ihm mit winzigem Vorsprung von der
Schippe gesprungen. Erst einmal mußte er sich den Schneid
zurückholen, den ihm die Löwin abgekauft hatte. Jedes
Gefühl des Ungleichgewichts kann sich auf die Tiere
übertragen. Siemoneit brachte trotz der immer noch
schmerzenden Beinverletzung die ihm eigene starke
Konzentration auf, und schon nach acht Tagen war das
Verhältnis zwischen ihm und den Tieren wieder in der
Balance. Senta wurde zurückgeholt, als wäre nie etwas
passiert. Die Proben liefen wunderbar, die Krankenhausne-
bel im Kopf lichteten sich. Siemoneit brauchte die Begeg-

nung mit Senta unbedingt, um wieder die richtige Einstellung zu seiner Berufung zu bekommen.

Über seine Arbeit und die Mühen mit sich und seinen vierbeinigen Gefährten ins Reine zu kommen, achtete er im Moment nicht so sehr auf das Schicksal des Circus. Das Gastspiel in Izmir ging zu Ende, ohne daß die eingenommenen Gelder in die Taschen des Direktors geflossen wären. Agenturen sahnten ab, und Emil Wacker, der Chef, ging leer aus. Der Circus Apollo mußte den Orient verlassen. Wacker beschloß, nach Italien weiterzureisen und auf dem Weg einen Zwischenstop auf der Insel Malta zu machen. Wagen, Menschen und Tiere sollten auf ein altes, türki-

sches Schiff verladen werden, das im Hafen von Izmir mit dem Heck zum Kai lag. Nur mit Hilfe eines museumsreifen Dampfkrans schaukelte Circuswagen um Circuswagen an Deck. Allein dieser Teil der Verladeaktion dauerte sechs Tage. Das Schiff war hoffnungslos überladen und zudem buglastig. Die schweren Eisbärenwagen dienten als Gegengewicht.

Mit sorgenvoller Miene beobachtete der Kapitän, wie sich sein Schiff in eine Arche verwandelte. Er ließ gegenüber den Circusleuten keinen Zweifel daran, daß er bei aufkommendem Sturm die Seile kappen würde, um sich von der Last zu befreien.

Die Situation am Hafen spitzte sich zu, als die Verladung der Elefanten bevorstand. Hans Nielsen stand erneut kurz vor dem Nervenzusammenbruch, wenn er nur darüber nachdachte, seine Dickhäuter mit dem antiquierten Dampfkran an Bord des Schiffes hieven zu müssen. Nervös bestand er immer wieder darauf, Transportkisten für die Rüssler bauen zu wollen; die Direktion lehnte aus Kostengründen ab. Stattdessen konstruierten die Circusarbeiter eine Art Hängematte für die Elefanten, eine Konstruktion aus Gurten, aus der unten die Beine der Tiere herausbaumeln sollten. Nielsen sträubte sich wie ein Wahnsinniger, wurde aber überstimmt.

Am Abend vor der geplanten Abreise brachte Nielsen gemeinsam mit Gerd Siemoneit die Elefanten an den Pier. Das erste Tier bekam den Bauchgurt angelegt und schwebte hoch über Land und Wasser an Deck. Durch das Ächzen, Stöhnen und Zischen des Dampfkranes und die fast zehnminütige Luftreise durchlebte der ''fliegende Elefant'' furchtbare Ängste, die er hinaustrompetete. Circusleute glauben fest an die Sprache der Elefanten, die sich als Herdentiere Gemütszustände übermitteln können. Das Exemplar in der Bauchbinde muß den an Land wartenden Artgenossen derartige Schauergeschichten über den ''Flug'' erzählt haben, daß sie in Panik gerieten und von

Siemoneit und Nielsen kaum noch zu halten waren. Der Aufgeregteste sollte der nächste sein. Mit Mühe streiften sie ihm die Trageriemen über. Gerade wenige Zentimeter über dem Boden schwebend, strampelte der Elefant sich frei und ergriff in blinder Angst die Flucht. Gerd Siemoneit, dem diese Szenen heute noch Alpträume verursachen, erinnert sich: "Wir versuchten, ihn zu halten, doch er schüttelte uns ab wie die Fliegen und weg war er." Erst im Morgengrauen fanden Nielsen und Siemoneit das verängstigte Tier wieder und konnten es zu den anderen zurückbringen. Der Elefant auf dem Schiff trompetete immer noch aus Leibeskräften nach seinen Artgenossen. Ähnlich

gebärdete sich Hans Nielsen, der Amok zu laufen drohte, wenn nicht endlich Transportkisten für seine Tiere gebaut würden. Siemoneit: "Wir mußten befürchten, daß die Elefanten alles kurz und klein traten."

Drei weitere Tage dauerte es, bis das Transportbehältnis für die grauen Kolosse fertiggestellt war. Die beiden Freunde führten den kleinsten Elefanten durch die Kiste und ließen einen großen Artverwandten hinterdrein laufen. Sobald er sich in der Kiste befand, verschlossen Helfer den Ein- und Ausgang. Nach vier Stunden waren alle Elefanten an Bord. Freudig begrüßten sich die Dickhäuter, tasteten sich mit ihren Rüsseln ab und fügten sich in ihr Schicksal.

Endlich legte das Schiff ab, und das Wetter hatte Erbarmen mit dem schwimmenden Circusvolk. Kein Sturm beeinträchtigte die Überfahrt, der Kapitän wurde nicht gezwungen, die Seile zu kappen und das kostbare Circusgut dem Meer zu überlassen.

Die Entladeaktion auf Malta ging dank moderner Hafenanlagen reibungslos vonstatten. Zu glatt lief das alles, dachten die abergläubischen Circusleute, die aus bestimmten Situationen ihr Schicksal herauslesen. Während des Circusaufbaus kam es zu einem tragischen Unfall. Ein Junge schaute dem anreisenden Unternehmen zu. Er stand an einen der Eingangspfosten gelehnt und achtete nicht auf den tonnenschweren Wasserwagen, der das Gelände ansteuerte. Die Einfahrt war eng, der Fahrer mußte sich konzentrieren, um den Engpaß ohne anzustoßen zu durchfahren und übersah den Jungen. Das schwere Fahrzeug zerquetschte das Menschlein. Circusleute sind sehr kinderlieb, schwer lastete die Trauer auf den Artisten und über der gesamten Premierenvorstellung auf Malta. Böse Vorzeichen, unkten die Kollegen von Gerd Siemoneit. Sie sollten Recht behalten. Nach acht Tagen auf der Insel brach ein Sturm los wie er zu Herbstzeiten am Mittelmeer oft vorkommt. Wie eine Faust rissen die Böen an den Stallzelten und zerfetzten im Nu die Planen. Riesenvögeln

gleich flogen die Fetzen auf und davon. Alle schauten wie gebannt auf das große Chapiteau, stürmten nach Schrecksekunden los, um zu retten was zu retten war. Das Zelt wurde auf die Sitzreihen hinuntergelassen, eine Maßnahme, die sich schnell als falsch erwies. Da die Zeltplanen nicht eben zu liegen kamen, boten sie dem Sturm Angriffsfläche. Das durch die Reise strapazierte Material blähte sich auf und schlug hin und her, so daß sich kein Mensch mehr in die Nähe wagen durfte, wollte er nicht selbst Opfer des tobenden Elementes werden.

Emil Wacker stand vor dem Ruin. Nachdem sich der Sturm gelegt hatte, blauer Himmel auf das Chaos herabschaute, standen die Circusleute davor und wußten nicht, wie die Reise weitergehen sollte. Erst eine Spende des Papstes, der von dem Unglück hörte, sicherte die Weiterreise nach Italien. Der Heilige Stuhl in Rom erinnerte sich der vielen Gastspiele des Circus Apollo in Italien für Waisenkinder und katholische Heime.

In Italien war der angeschlagene Betrieb der Konkurrenz nicht mehr gewachsen. Die Besucher blieben aus, in Emil Wackers Kasse herrschte gähnende Leere. Nach und nach fiel das Ensemble auseinander. Wer von den Artisten ein neues Engagement finden konnte, der reiste ab. Schließlich holte auch Benneweis seine Gruppen zurück, darunter

auch Siemoneit mit seinen Löwen, und verpflichtete sie für einen holländischen Circus in Amsterdam. Die abenteuerliche Reise, die der Karriere des Ausnahmedompteurs Siemoneit durch den schrecklichen Unfall in der Manege fast einen grausigen Schlußpunkt gesetzt hätte, war zu Ende.

vom dompteur zum fernsehstar

Gerd Siemoneit hat nichts Professorales an sich, er kommt seinem Publikum niemals belehrend. Vielmehr erzählt er Geschichten, wenn jemand mehr über Tiere und den Circus wissen möchte. Seine Lebensgeschichte macht denen Mut, die vor einer Hürde stehen und im Moment keine Möglichkeit sehen, sie zu überwinden. Aus sich heraus den Weg finden, gemachte Fehler in positive Energie verwandeln, lauten die Rezepte, die aus dem abenteuerlichen Lebensweg abzulesen sind. Nach den Erlebnissen im Orient - in der Manege um ein Haar Opfer einer Löwin geworden, mit dem Circus im Sturm das Zelt verloren, Pleite des Direktors - wurde der junge Mann,

der seinen Weg genau vor sich sah, nicht wankelmütig. Weitermachen, sagte er sich. Bisher hatte er es geschafft, auf sich allein gestellt, nur auf die eigenen Ideen und den eigenen Biß angewiesen, die Dinge zu erreichen, die er sich vorgestellt hatte. Zurück in Europa und in einem holländischen Circus für Benneweis unter Vertrag, schlug das Schicksal in Gestalt der Löwin Senta noch einmal zu. Wieder geriet er dem Tier in die Fänge, wieder konnte er nur mit Mühe entkommen, wenn auch schlimm verletzt. Eine lange Wunde am rechten Bein, so erinnert sich Gerd Siemoneit, muß offensichtlich im belgischen Charleroi von einem Veterinär behandelt worden sein: Bei vollem

Bewußtsein des Patienten schrubbten die Mediziner mit Bürsten die Wunde sauber, und daß sie den Riß nicht vollständig vernähten, was im Grunde genommen richtig war, schrieb Siemoneit nicht den Fähigkeiten der belgischen Medizinmänner zu, sondern eher dem Umstand, daß diesen Leuten der Faden ausgegangen war.

Senta gab der Dompteur nun endgültig in den Zoo. Im Winterlager in Bergen op Zoom begann er, eine neue Gruppe mit Jungtieren aus eigener Nachzucht aufzubauen. Diese neuen Tiere sollten ihr Können zum ersten Mal bei einem Gastspiel im Circus Barlay in Ostberlin zeigen. Die Premiere ging tüchtig in die Hose, denn die neuen vierbei-

nigen Jungstars hatten offensichtlich Probleme mit der ungewohnten Manegenatmosphäre und dem Applaus des Publikums, den sie bis dahin noch nicht kennengelernt hatten. Sie blieben einfach in den Käfigwagen und waren weder mit sanften noch mit lauten Worten zu bewegen, die vertraute Umgebung zu verlassen und in der Manege ihr Können unter Beweis zu stellen. Der Direktor tobte nach der Vorstellung wie ein Besessener.

Siemoneit suchte in diesen Tagen, die ihm eine Reihe von negativen Erlebnissen bescherten, nach einer neuen Herausforderung. Eine ganz große, bisher nie dagewesene Nummer wollte er einstudieren. Typisch für ihn, der nicht resignierte, sondern die Aufgabe suchte, an der er seine Fähigkeiten, an die er fest glaubte, messen konnte. Immer zur rechten Zeit stellte sich die Aufgabe, die auf der Leiter nach oben ein Stück weiterführte. Eli Benneweis hatte ihn auserkoren, eine gemischte Gruppe von Raubtieren neu zusammenzustellen und vorzuführen. Die hohe Schule der Dompteurkunst, das Feld, das den internationalen Ruf als "Prince of the Cats" begründen sollte.

Nach und nach trafen Siemoneits vierbeinige Kollegen für die "Gemischte" ein: Löwen, Tiger, Leoparden und Pumas im Alter von zehn bis zwölf Monaten. Der absolute Clou der Nummer sollte ein schwarzer Panther werden, den

Benneweis in Budapest organisiert hatte. Über praktische
Erfahrungen mit einer solchen Gruppe verfügte Siemoneit
nicht. Doch die Aufgabe reizte ihn, auch als Therapeuti-
kum nach den Zwischenfällen in der Manege, die ihm
äußere, wie innere Verletzungen beigebracht hatten. Er
steckte sie weg, indem er für sich neue Wege im Umgang
mit Raubtieren suchte. Über gemischte Gruppen hatte er
viel gelesen, vor allem über den Dompteur Alfred Court,
der in den dreißiger Jahren eine "Gemischte" mit schwarzem Panther vorführte, allerdings mit einem Partner in der
Manege. Zwei Dompteure versuchten damals, des kompli-
zierten Gebildes Herr zu werden.

Kein Tier einer Art darf den Sicherheitsabstand einer anderen Art kreuzen. Das ist das Problem beim Umgang mit einer aus verschiedenen Tierarten besetzten Gruppe. Gerd Siemoneit packte es dennoch an und verließ sich auf sein "Händchen", sein Gefühl im Umgang mit Großkatzen. Erst einmal mußten sich die Tiere unterschiedlicher Art kennenlernen. In ihren Käfigwagen waren sie getrennt untergebracht. Die Schieber zwischen den einzelnen Behausungen wurden mit Sichtblenden versehen, so daß sich die Tiere nur riechen und hören konnten. Nach gewisser Zeit nahm Siemoneit die Sichtblenden weg und tauschte sie gegen feinmaschigen Draht aus: Sehen sollten

sich die Katzen, aber nicht mit den Pranken nach einander schlagen.

Zum ersten Appell und zum Erlernen des Circus-ABC ließ der Dompteur immer nur die Tiere einer Art in die Manege.

Nach zäher Arbeit, unterstützt durch Fleischbröckchen, vor allem aber durch ständiges Zureden, söhnte er Tiger, Löwen, Leoparden, Pumas und den schwarzen Panther miteinander aus. Seine erste "Gemischte" gedieh zur Sensation in den Manegen. Er eilte von Erfolg zu Erfolg, trat im Circus Barum auf, im Winterprogramm von "Menschen, Tiere, Sensationen" in der Berliner Deutsch-

landhalle, im Staatscircus Budapest (der Heimat seines ersten schwarzen Panthers) und in Großbritannien im Blackpool-Tower-Circus und bei einer "Royal Performance" in London. Die Queen war begeistert von dem Mann, der mit so leichter Hand die wilden Raubkatzen präsentierte. Sie gewährte ihm einen Empfang. Bis 1962 arbeitete Gerd Siemoneit mit dieser Gruppe, dann gab er sie an einen Kollegen weiter. Der Grund dafür: Der erfolgreichste Dompteur seiner Zeit kaufte vom eisern gesparten Geld erstmals eigene Tiere für eine gemischte Gruppe: vier Löwen, zwei Tiger, zwei Leoparden, zwei Pumas und seinen berühmten schwarzen Panther, den er

nach dem schwarzen Edelstein nannte: "Onyx".
Zurück in Deutschland schaffte es Gerd Siemoneit vor-
trefflich, seinen Namen in den Herzen der Fans zu
verankern. Nicht nur in der Manege wurde er gefeiert, er
wurde auch zum Filmstar, zum geschätzten Gast in
Fernsehshows und zum Tierfilmer. Stellvertretend für uns
alle, die wir gern Abenteuer bestehen möchten, der
Gefahr ins Auge sehen wollen, war er für viele der Wage-
mutige, der aufrechte Charakter, dem das Böse und
Gefährliche nichts anhaben kann. Eine Mischung aus
"Tarzan und Professor Grzimek", wie er sich selbst in
seiner "Film- und Fernsehzeit" mit einem Augenzwinkern

charakterisierte.

Der Westdeutsche Rundfunk drehte mit und über Gerd Siemoneit die Filme "Schule hinter Gittern" und "Auge in Auge". Immer stand die Dressur von Raubkatzen im Mittelpunkt. Während dieser Arbeiten entdeckte der Programmdirektor das schauspielerische Talent des Dompteurs und ließ ein Drehbuch für eine neunzehnteilige Reihe schreiben mit der Titelfigur "Jens Claasen". Produzent der Serie wurde Karl-Heinz Kramer, zu dem Siemoneit eine enge Freundschaft aufbaute. Der Stoff der Serie ist schnell erzählt. Jens Claasen erbt einen Rheinkahn, auf dem er sich einen kleinen Privatzoo hält. Als in seiner

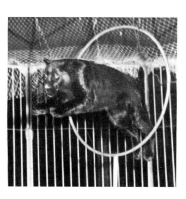

Nähe aus einem Circus ein Löwe ausbricht, ist Jens zur Stelle und hilft fachkundig mit, das gefährliche Tier wieder einzufangen. Vom Binnenschiff zum Circus ist der Weg dann nicht weit, Jens Claasen geht mit auf die Reise. Es verschlägt ihn nach Indien auf eine Schlangenfarm. In diesem Teil der Fernsehserie rettet er die Tochter des Farmers vor dem Würgegriff eines der Zuchttiere. Von Indien geht es nach Afrika. Auf dem schwarzen Kontinent gerät Jens Claasen unter die Tierfänger. Die Sprache des Herzens befiehlt ihm, die Tiere zu befreien. Exotisch ging es zu, gedreht wurde an Originalschauplätzen in Indien und Afrika. Eine ungewöhnlich aufwendige Produktion für die

damalige Zeit, die dem wagemutigen Dompteur zugleich die Schönheiten dieser Welt zeigte. Am 6. Juni 1966 strahlte der WDR die erste Sendung aus, das Publikum ließ sich von der Atmosphäre des Films begeistern. Die "6", so Siemoneit, ist seine Glückszahl. Wichtige Ereignisse seines Lebens haben mit dieser Zahl zu tun.

Schon damals war es Gerd Siemoneit wichtig, seine Vorstellungen vom Zusammenleben von Mensch und Tier einer breiten Öffentlichkeit nahezubringen. "Tiere hinter Zäunen - Unnatur oder Rettung" brachte es auf 30 Fernsehfolgen. Mit Freddy Quinn und Peter Frankenfeld trat der Circusdompteur in Fernsehshows auf: "Glücksspi-

rale", "Meine Freunde die Artisten", "Beruferaten" mit Robert Lembke. Die BBC interessierte sich für den Mann aus der Manege ebenso wie die "Ed Sullivan-Show" in den USA. Die kritische Auseinandersetzung mit dem Verhältnis Menschen - Tiere brachte ihm eine Zusammenarbeit mit dem Fernsehautoren Horst Stern (Stern's Stunde) ein, der Siemoneits Dressuren zum Thema einer seiner Reportagen machte.

Die Fernseherfolge und erste Auftritte mit der neuen gemischten Gruppe waren der große internationale Durchbruch für den Ostpreußen, der sich nicht durch Rückschläge beeindrucken ließ und sich von ganz unten

aus eigener Kraft nach ganz oben gearbeitet hatte. Circus Knie in der Schweiz und Pinder in Frankreich, die großen und berühmten Unternehmen der Branche, verpflichteten den Dompteur, der es in nicht nachzuahmender Weise schaffte, "tierisch" gut mit Raubtieren umzugehen.

der schwarze edelstein

Dies ist die Geschichte einer großen Liebe. Für den Mann, der mit den Tieren spricht, erfüllte sie sich so hautnah und auch so schmerzhaft, wie es unter Liebenden nur sein kann. Daß Zöllner dafür übertölpelt werden mußten, war nur die geringste Schwierigkeit. Die große Liebe, der schwarze Edelstein, der auf den Namen Onyx hören sollte, brachte seinem Geliebten so schmerzhafte Wunden bei, daß durchaus auch von einer Blutsbrüderschaft gesprochen werden darf. Onyx war der Mittelpunkt der wohl berühmtesten gemischten Raubtiergruppe, die Gerd Siemoneit dem Circuspublikum präsentierte. Onyx war ein schwarzer Panther, der gemeinsam mit vier Löwen, zwei

Tigern, zwei Leoparden und zwei Pumas auftrat. Manege frei!

Das gleißende Licht der Schweinwerfer erfaßt den in weiß gekleideten Dompteur. Mit knapper Verbeugung bedankt er sich für den Auftrittsapplaus, dann dreht er sich gespannt zur Laufgangstür, durch die die ersten Raubtiere den Zentralkäfig betreten. Dazu diese schöne exotische Circusmusik, die für die Katzen komponiert zu sein scheint, ihren Gang noch federnder werden, ihr Fell noch geheimnisvoller glänzen läßt.

Schleichend, mit fast auf den Boden hängenden Bäuchen, betreten Zambo und Alfa, die Leoparden, das Sägemehl-rund. Siemoneit stellt sich ihnen mit Stock und Peitsche entgegen, seinen verlängerten Armen, und weist damit auf die Plätze, die etwas erhöht vorn links gegenüber dem Eingang sind. Jetzt betritt Onyx die Manege. Der Blick des Panthers gefällt dem Dompteur nicht. Die gelben Katzenaugen auf schwarzem Grund erscheinen dem Laien immer gleich lauernd und gefährlich. Das ist nicht so. Sie können mal hellwach und an allem interessiert, mal trübe und gleichgültig, manchmal sogar spitzbübisch dreinschauen.

Im Zoo von Amsterdam kam Onyx zur Welt. Seine Eltern waren wildgefangene Exemplare und entsprechend der "wilden Erziehung" gebärdete sich Onyx in der ersten Zeit

seiner Partnerschaft mit Gerd Siemoneit. Der hatte von Karl-Heinz Kramer, dem Filmproduzenten, mit dem er die Fernsehserie als "Jens Claasen" gedreht hatte, von dem ebenmäßigen, eleganten Tier gehört. Schwarze Panther waren rar und kaum zu bekommen. Fünftausend holländische Gulden sollte er kosten. Eine Menge Geld für den Dompteur, der bereits die anderen Tiere und die dazugehörigen Käfigwagen vom Gesparten erstanden hatte.
Es war Mitte November, als die Kunde von Onyx an das Ohr von Siemoneit drang. Das erste Geld mit der neuen "Gemischten" konnte frühestens in fünf Monaten verdient werden, dachte er und rechnete insgeheim, wie der

Panther zu bezahlen sei. Daran wollte er nicht denken, zu reizvoll und verlockend erschien ihm die Aussicht, einen schwarzen Panther erstehen zu können. Der erste Weg, um der heimlichen Liebe zur Erfüllung zu verhelfen, führte - und das war ernüchternd - zum Zollamt. Wichtig blätterte der Beamte in seinen Unterlagen und es gab tatsächlich eine Rubrik "Raubkatzen": Der Einfuhrzoll betrug 17 Prozent des Kaufpreises und außerdem mußten noch sieben Prozent Einfuhrsteuer draufgerechnet werden. Das war ein Viertel des Gesamtpreises, der noch zusätzlich bezahlt werden mußte. Siemoneit bekam einen Schreck, gab die Sache aber nicht verloren. Mit Karl-Heinz Kramer

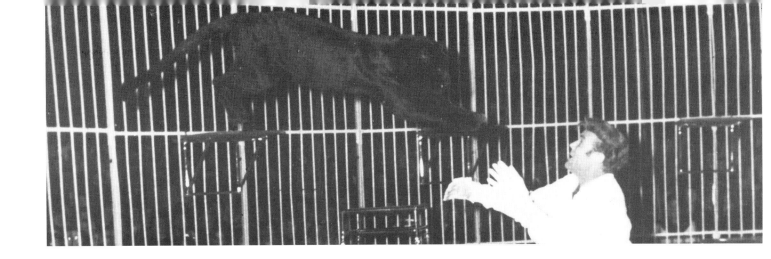

besprach er sich, der das Problem wegwischte: "Wir fahren nach Amsterdam, kaufen das Tier und versuchen, es direkt an der Grenze zu verzollen. Vielleicht sind die Beamten in Weihnachtsstimmung."
Siemoneit entfernte aus seinem alten Mercedes die Rückbank und am anderen Morgen fuhren die beiden nach Amsterdam.
Dann stand er vor dem Käfig im Zoo und sah zum ersten Mal den Panther, mit dem er soviel Erfolg haben sollte.
"Der schwarze Panther Onyx" - dieser Titel war allein in Deutschland für zwei Fernsehfilme bestimmt. In London drehte die BBC und in Kopenhagen produzierte Danmark TV einen Streifen mit diesem Tier, das in seinem Zookäfig übermütig mit zwei jungen Löwen herumtollte. Der Panther gab eine rasante Vorstellung. Mit einem Satz sprang er an den Gitterstäben hoch, hangelte sich bis an die Decke des Käfigs und ließ sich von oben, alle vier Beine von sich gestreckt, auf einen der Löwen fallen. Bis dieser aufgeschreckt nach ihm langen konnte, war der Panther mit zwei, drei Sprüngen, wie ein hakenschlagender Hase, quer durch den Käfig gesaust und hing schon wieder an den Stäben. Ein Rabauke! Elf Monate war Onyx alt, als ein staunender Gerd Siemoneit vor dem Zookäfig die Kapriolen seines neuen Schützlings beobachtete.

Das Geschäftliche war schnell erledigt. Eine Transportkiste wurde auf Maß gebracht, der Panther von seinem Pfleger an Schwanz und Kragen gepackt und in die Kiste befördert. Die Tür mußte vernagelt werden, ehe die Kiste für die Heimreise im Fond des Mercedes verstaut wurde. Es war schon dunkel, als Kramer und Siemoneit den Heimweg antraten und sie die Grenzhürde nehmen mußten. Siemoneit saß am Steuer und kurbelte das Fenster herunter. Der Zollbeamte beugte sich hinab und fragte obligatorisch: "Irgendwas zu verzollen?" Der heutige Circuschef antwortete ehrlich: "Ja! Einen schwarzen Panther." Der Beamte fühlte sich verschaukelt und begann darüber zu räsonieren, mit welchen Antworten ein Zöllner zu rechnen hat. Dann folgte er weiter seiner Gewohnheit: "Zigaretten, Alkohol?" "Einen schwarzen Panther, noch ganz jung", beharrte Siemoneit auf der Wahrheit. Der Zöllner blieb ganz Beamter: "Was steht denn da auf dem Rücksitz, altes Mobiliar?" Siemoneit, der langsam Mitleid mit dem ganz und gar aus Paragraphen bestehenden Menschen empfand, beteuerte noch einmal treuherzig: "Da habe ich den schwarzen Panther drin." Er hätte auch Nilpferd oder Elefant sagen können, die Wirkung wäre dieselbe geblieben. Kramer brachte den Dialog schnell auf ein anderes Gleis: "Werden Sie oft auf den Arm genommen?" Der Beamte witterte Verständnis und sprudelte los: "Was glauben Sie, was sich die Leute so einfallen lassen, um uns hinters Licht zu führen. Aber, mit mir nicht, das kann ich ihnen sagen!"

Inzwischen liefen weitere Autos am Kontrollpunkt ein und der Zöllner hakte den schwarzen Panther unter der Rubrik "Scherze" ab. Nach der Aufforderung "Weiterfahren" stürzten Siemoneit ganze Gebirge vom Herzen. Erst als sich der Wagen in Bewegung setzte, begann der Panther an den Wänden der Kiste zu nagen. Auch ihn hatte soviel Beamtendummheit einfach sprachlos gemacht.

Was sind vierzehn Tage zu zwei Jahren: Zwei Wochen benötigte der Panther, um sich an seine neue Umgebung zu gewöhnen. Zu Beginn seines Aufenthaltes unter der Obhut Siemoneits war er mißtrauisch gegen seine gesamte Umgebung. Entweder lag er zusammengerollt in einer Ecke seines neuen Domizils, oder er schoß wie ein Pfeil hervor, um durch die Gitterstäbe nach seinem "Freund" zu schlagen. Siemoneit wich nur soweit zurück, daß ihn die gefährlichen Pranken nicht erreichen konnten. Ruhig sprach er auf das Tier ein, so gelassen, wie er es in der Regel auch mit Menschen zu halten pflegt. Ein Stück Fleisch auf dem Futterstock unterstützte die beruhigende Rede. Tag für Tag wiederholte Siemoneit das Ritual, denn - so sagt der

Dompteur - Tiere sind tatsächlich Gewohnheitstiere.
Onyx lebte sich ein, wurde ruhiger. Eines Tages konnte
ihm Siemoneit die Flanken streicheln: Er ließ es geschehen!
Das Eis war gebrochen. Siemoneit wurde "dreister" und
streichelte den ganzen Körper des Tieres, das sich wohlig
räkelte. An der Leine ließ sich Onyx nicht herumführen; er
war sehr anhänglich, aber nie vollständig zahm. Spielerisch
stimmte Gerd Siemoneit den Panther auf seine Aufgaben
im Circus ein. Er balgte mit ihm herum, bis Onyx mit
Krallen und Zähnen zu grob wurde. Dann genügte ein
scharfes Kommando und der Panther schmiegte sich an.
Über das sich täglich wiederholende Spiel wurde Onyx

zwei Jahre alt.

Gerd Siemoneit erschien es nun klüger, sich nicht zu nah mit ihm einzulassen. Die einstudierte Arbeit erledigte Onyx auf die leisesten Kommandos und selbst den riskanten Sprung in die Arme seines Dompteurs verweigerte er nie, eine Darbietung, die in dieser Art bis heute unerreicht blieb, zumal sie nicht mit einem lammfrommen Tier gezeigt wurde.

Auf die Zuschauer wirken Siemoneits Dressuren wie ein Spiel. Der lächelnde, weiß gekleidete Mann tollt mit seinen Tieren herum, vermittelt zwischen gefährlichen Raubkatzen und Publikum, ja er erweckt den Wunsch des Außen-

stehenden mitmachen zu wollen.

Alle Figuren der Tiere und ihres Dompteurs sind genau einstudiert, dem Zufall bleibt nichts überlassen; wenn die Nummer wirkt, als sei Improvisation im Spiel, spricht das nur für den Regisseur im Zentralkäfig.

Hören wir Gerd Siemoneit zu, wie er den sensationellen Sprung des schwarzen Panthers in die Arme seines Dompteurs erzählt:

"Ganz ruhig und ihm dabei fest in die Augen sehend, baue ich mich in etwa fünf Metern Entfernung vor ihm auf. Er kauert sich auf seinem Absprungpodest in zweieinhalb Metern Höhe nieder. Begütigend und lockend zugleich

fordere ich ihn zum Springen auf. Er taxiert mich, nimmt mich ins Visier, und jetzt heißt es, voll auf dem Posten zu sein. Nicht zu früh auf sein Kommen reagieren. Er muß mich als sein Ziel unbeweglich vor sich haben. Jetzt kommt er angeschossen! Während er durch die Luft saust, mit ausgestreckten Pranken auf meinen Kopf zu, weiche ich einen halben Schritt zurück und mache zugleich eine leichte Drehung. Nun müßte er an mir vorbeifliegen. Da packe ich mit dem rechten Arm direkt hinter seinen Vorderläufen unter seinem Bauch durch. Jetzt ist er in Schulterhöhe, da reiße ich ihn zu mir heran, während die linke Hand sofort zwischen Kopf und Hals zupackt, um sein mörderisches Gebiß von meinem Gesicht wegzudrükken. Für einen Moment beginnt er zu strampeln, aber er wird mit sanfter Gewalt gegen meinen Körper gepreßt, so daß er kaum Bewegungsfreiheit hat. Fünf, sechs Sekunden kann ich ihn so halten, trage ihn bis zur Käfigtür und werfe ihn mit leichtem Schwung in den Lauftunnel, dabei mich schnell wegdrehend, damit die Krallen der Hinterläufe meinen Körper nicht als Absprungbasis nützen können." Jeder Griff, jede Bewegung mußte sitzen, damit der Höhepunkt in der Dressur der großen gemischten Raubtiergruppe klappte. Einer von Siemoneits Grundsätzen ist der: Suche für Fehler immer die Schuld bei dir, nie bei dem anderen. Dieser Charakterzug schließt die Überlegung ein, was hätte ich tun können, damit der Fehler vermieden worden wäre. Siemoneit bezieht die Grundhaltung nicht nur auf Menschen, mit denen er täglich im Circus und im Privatleben zu tun hat, sondern auch auf die Tiere. "Haste vier Beine, biste mein Freund", ist ein ihn prägendes Lebensmotto. Onyx blieb sein Freund und auf immer in seiner Erinnerung, auch nach jenem rabenschwarzen Tag in der Manege, als der Sprung nicht so wie geplant auf den Mann kam. Das Tier war sehr gespannt, zeigte sich in der Manege erregt. Im Moment, als Onyx die Käfigwand entlang hechtete und seine Absprungplattform erreichte, hing der Dompteur einen Moment zu lange seinen Gedanken über den Seelenzustand des schwarzen Partners nach. Siemoneit reagierte zu zaghaft, als Onyx geflogen kam. Statt auf seinen Schultern, landete der Panther vor der Brust des Dompteurs, der einen Moment den heißen Atem des Tieres spürte. Onyx sah ihm direkt in die Augen und biß sofort zu. In der rechten Wange spürte Gerd Siemoneit einen dumpfen Schmerz, ihm war es, als wolle der Panther ihm die Kinnlade durchbeißen: "Ich spürte seine Zähne an meinen." Für eine Sekunde nur vermittelte Onyx den Eindruck, als habe er sich über sein Tun selbst erschreckt. Er ließ von Siemoneit ab, der bückte sich, um

seinen Stock in die Hand zu bekommen, damit er Abstand zwischen sich und dem Tier schaffen konnte. Doch Onyx sprang ihm auf den Rücken und biß den Dompteur ins Genick. Ein zweites Mal ließ der Panther von seinem Opfer ab und richtete sich in "angeberischer" Pose auf den Hinterbeinen auf. Ein Hagel von Schlägen mit den vorderen Pranken drosch auf Siemoneit ein.

Voller Angst beobachtete Siemoneits Frau Inge den Kampf um Leben und Tod in der Manege. Beherzt griff sie eine Fanggabel und betrat den Zentralkäfig. Ihr gelang es, die Gabel ins Genick von Onyx zu drücken und ihn zu Boden zu drücken. Mit dem Mut der Verzweifelung rettete sie

ihrem Mann das Leben. Siemoneit rappelte sich blutüberströmt auf, hielt den Panther mit der Fanggabel fest, bis seine Frau wieder draußen in Sicherheit war. Noch einmal sprang Onyx, doch Siemoneit bekam ihn richtig zu fassen und schleuderte ihn mit letzter Kraft weit von sich. Kaum fähig zu sprechen mit der verletzten Gesichtshälfte, brabbelte er beruhigend auf das Tier ein. Selbst in dieser Situation wollte er Onyx nicht verängstigen oder demütigen. Es geschah ein Wunder: Der Panther gab auf und trottete in den Laufgang...

In seiner Frau hatte Gerd Siemoneit eine verständige Assistentin. Sie stand im Hintergrund der Manege und überwachte alles sehr genau, kannte auch den Umgang mit Raubtieren und hatte selbst schon welche vorgeführt.

Eines Tages wurde sie lebensbedrohlich krank. Die unheilbare Krankheit riß sie mitten aus der Arbeit und sie starb im Alter von nur 42 Jahren.

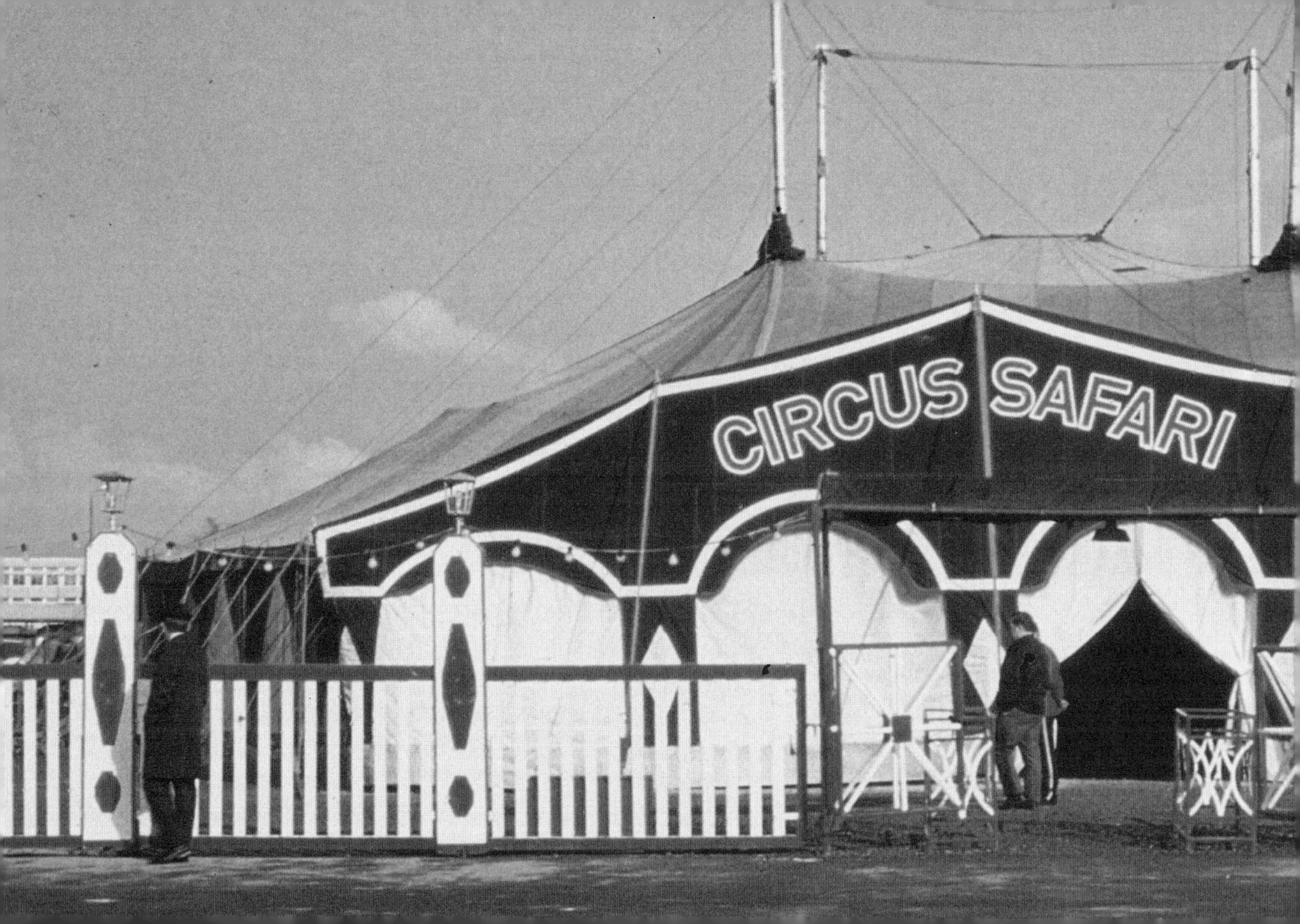
CIRCUS SAFARI

das verflixte erste jahr

Gerd Siemoneit hatte alles erreicht, was man als Dompteur nur erreichen kann. Seine Gemischte war eine international gefeierte Topnummer, um die sich die Agenten und Direktoren rissen. Ein neuer Engagementsvertrag im Blackpool-Tower-Circus war für die Saison 1970 bereits unterschrieben, auch der französische Circus Pinder, bei dem er 1969 im Mittelpunkt stand, wollte den Stardompteur gerne behalten. Doch der zielstrebige Ostpreuße wollte seinen Weg weitergehen und sich neuen Herausforderungen stellen. Gerd Siemoneit warf seine ganze Kraft, seine Intelligenz, sein Verantwortungsbewußtsein in die Waagschale und riskierte den nächsten wichtigen Schritt in eine neue Zukunft: einen eigenen Circus! Film- und Fernsehaufnahmen und die Auftritte in den großen Circusbetrieben hatten ihm gute Gagen eingebracht, die er auf die Seite legte. Endlich wollte er Herr in seinem eigenen Haus sein, sich den lang gehegten Wunsch erfüllen und einen Circus ganz nach seinen eigenen Vorstellungen aufbauen.

Margarete Kreiser-Barum, die Circuschefin, bei der er in jungen Jahren so oft und gern gearbeitet hatte, mußte ihren Circus Barum 1968 aufgeben. Gesundheit und Finanzen hatten sie zu diesem Schritt gezwungen. Treuhänder des Barum-Materials wurde der dänische Circusdirektor

Eli Benneweis, ebenfalls ein Freund Gerd Siemoneits aus
frühen Tagen.
Gerd Siemoneit erkannte seine Chance und übernahm den
Barum-Nachlaß. Unter dem Namen "Safari" - in
Anlehnung an seine Fernseherfolge als "Jens Claasen" -
startete er die erste Tournee in die Selbständigkeit.
Dichtes Schneetreiben herrschte am Ostersonntag, dem
28. März 1970. Die Besucher hatten Mühe, den
Tummelplatz in Einbeck zu erreichen, um an einem Ereignis der besonderen Art teilzunehmen, der Weltpremiere
von Deutschlands jüngstem Circus. Ein Chronist vermerkte: "Eine dicke Schneedecke lag auf dem Chapiteau, aus

dem die Musik der Kapelle Weiland drang, die bis zuletzt damit beschäftigt war, die Einsätze für die Weltpremiere am Nachmittag einzustudieren." Noten und Schneeflocken wirbelten durcheinander, als Gerd Siemoneit, der durch außergewöhnliche Raubtierdressuren und zahlreiche Fernsehauftritte bekannte Dompteur, seinen eigenen Circus vorstellte. Ein risikoreiches Unterfangen, dem Monate und Wochen strenger Kostenkalkulation und zeitgleicher Programmgestaltung vorausgegangen waren. "Der Unternehmensleitung, den Artisten und allen Helfern gelten meine herzlichen Grüße und Wünsche; Hals- und Beinbruch zur Premiere und ein allzeit gut besetztes

Circuszelt", hatte Niedersachsens Ministerpräsident Dr. Diederichs geschrieben. Gerd Siemoneit konnte diese Wünsche gut gebrauchen, denn es war keine einfache Zeit, in die er da so optimistisch mit seinem neuen Unternehmen startete. Die Reihen der großen Namen am Circushimmel hatten sich in der zweiten Hälfte der sechziger Jahre erheblich gelichtet. Adolf Althoff und Franz Althoff, aber auch Barum und Williams, die Siemoneit einst die Startchance geboten hatten, stellten ihren Betrieb ein. Ganze fünf Großunternehmen reisten 1969 noch durch Deutschland, und auch sie hatten kein leichtes Spiel. Vielleicht war diese Situation aber zugleich auch eine große

Chance, einen neuen Circus zu etablieren. Gerd Siemoneit hatte sein Schicksal wieder einmal im rechten Moment in die Hand genommen und im richtigen Augenblick den richtigen Entschluß gefaßt.

Das betagte Barum-Material war mit großem Farbaufwand wieder aufpoliert worden, so als müsse das Unternehmen schon durch seinen äußeren Eindruck so viel Publikum wie möglich locken.

Endlich war es soweit, der Direktor trat in die Manege und läutete für die Welt des Circus und auch für sich persönlich eine neue Ära ein. Gerd Siemoneit richtete ehrliche Worte an die Menschen, die an diesem Tag seine Weltpremiere miterleben wollten und das Zelt des frischgebackenen Circus Safari etwa zu zwei Dritteln ausfüllten. Siemoneit sagte: "Wir haben keine Mühen und Kosten gescheut, um - natürlich in unserem Rahmen - ein schönes Programm zu präsentieren." Der Circus-Journalist Klaus Lüthje lobte: "Es war eine gelungene Premiere". Margarete Kreiser wünschte dem Mann, der schon so oft bei Barum als Dompteur unter Vertrag gestanden hatte, "alles Glück der Erde" und vor allem Durchhaltevermögen. Sie kannte den Ostpreußen und seinen Ehrgeiz, seine Zielstrebigkeit und war sicher, daß er es schaffen würde, wenn er auch schwere Zeiten überstehen müßte. Im

August 1970 starb die Circusdirektorin in Einbeck. Dem von Hoffnungen, Wünschen und harter Arbeit getragenen Auftakt folgte das verflixte schwierige erste Jahr des neuen Circus. Die Schlangen an den Kassen waren an vielen Tagen weniger lang als erhofft, den Circusleuten war es oft eher zum Heulen als zum Lachen zumute. Nicht nur die Fußball-Weltmeisterschaft, die in diesem Sommer stattfand, machte dem Circus zu schaffen. Gerd Siemoneit besaß internationalen Ruf als Raubtierdompteur, den er sich durch intensive Arbeit und einen im Lauf der Zeit gewachsenen Schatz von Erfahrungen erworben hatte. Das Kaufmännische und Organisatorische waren seine Sache bis dato nicht. Circuserfahrenes Personal war schwierig zu bekommen, da die Branche dem Neuling "Safari" wenig Chancen einräumte. So mußte sein damaliger Geschäftsführer nicht nur den Tourneeplan erstellen, sondern zugleich vor Ort mit den zuständigen Behörden verhandeln, die Presse betreuen und Vorverkaufsstationen in den Städten einrichten. Siemoneit wußte in dieser ersten Saison häufig erst ein oder zwei Wochen vorher, wie die nächste Gastspielstadt heißen würde. "Zum Leben zu wenig, zum Sterben zu viel", könnte das Fazit des ersten Jahres des Circus "Safari" lauten.

Doch einen, der mehr als einmal den Raubtierpranken

CIRCUS-SAFARI

CIRCUS SAFARI ★

entkommen ist, kann so etwas nicht erschüttern. Immer wieder trommelte Gerd Siemoneit seine Getreuen zu nächtelangen Krisensitzungen zusammen, bat er die Banken um weitere Kredite, die Artisten darum, mit ihm gemeinsam durchzuhalten. "Sollen wir kapitulieren oder doch versuchen, die nächsten Wochen weiterzuspielen?", stellte er sich und seinen Mitstreitern mehr als einmal die Gewissensfrage. Mal für mal entschied man sich für's Weiterspielen!

Einem Circus, der in Bedrängnis kommt, helfen auch negative Schlagzeilen weiter. Beim Gastspiel in Marburg verletzte "Onyx" seinen Dompteur so schwer, daß Siemo-neit im Krankenhaus operiert werden mußte. Seine in Marburg-Cappel lebende Mutter, die sich aus Angst um ihren Sohn nie dessen Raubtiervorführungen angesehen hatte, war entsetzt, daß er gleich nach der schwierigen Behandlung das Krankenhaus wieder verließ. Schon am Abend des Unfalltages stand Gerd Siemoneit wieder in der Manege - mit bandagierten Armen und einem Kopfverband, der aussah wie ein Turban. Die Presse feierte ihn als "wiederauferstandenen" Helden. Es dauerte nur wenige Wochen, dann ging die erlösende Nachricht durch die Gazetten: "Onyx springt wieder!".

Das Marburger Publikum liebte den Dompteur und

Circusdirektor, es betrachtete ihn als "Sohn der Stadt", denn er hatte ja bereits nach dem Krieg mit seiner Mutter in der Universitätsstadt gelebt. Marburg wurde - trotz des, aber auch dank des Unfalls mit Onyx - zu einem der Höhepunkte dieser schweren ersten Tournee des Circus Safari.

"Aufgeben", dieses Wort kennt der Dompteur und Circusdirektor nicht. Siemoneits Durchstehvermögen brachte ihm Zuspruch und Aufmunterung von Circus-Kollegen und Direktoren ein. Carl Sembach (Krone), Will Aureden (Busch-Roland), Fritz Mey (Sarrasani) und andere machten ihm Mut und rieten ihm, auf jeden Fall weiterzu-

machen. Sie sprachen ihm Anerkennung aus und akzeptierten ihn als ebenbürtigen Circus-Direktor. Auch erfahrenes Circus-Personal gab seine Vorbehalte auf und trat in die Dienste des Circus Safari, so daß die Planung für die zweite Saison professionell vorbereitet werden konnte. 1971 ging die Reise weiter, unter leicht verändertem Namen: Nach Verhandlungen mit der Erbengemeinschaft hatte Gerd Siemoneit die Zustimmung erhalten, den traditionsreichen Namen "Barum" für seinen neuen Circus zu verwenden. "Barum-Safari" nannte sich nun das Unternehmen, das zu den Klängen des Circusorchesters Werner Weiland 1971 zum neuen Namen auch ein neues

Programm anbot. Vorsichtiger als im ersten Jahr war Gerd Siemoneit bei den Engagements gewesen: Circusfamilie Brumbach bestritt mit ihren Tieren und Artisten einen Großteil des Programms, und der neue Pressechef wurde nicht müde, Siemoneits "Zauberwelt im Circuszelt" in jeder Gastspielstadt zum Großereignis zu machen, das keiner versäumen wollte. Schon auf den ersten Plätzen in Northeim, Einbeck und Göttingen erntete Circusdirektor Gerd Siemoneit ausverkaufte Vorstellungen.

Samstag, 14. August 1971 in Mannheim: Die Sonne scheint auf ausgelassene Circusbesucher herab, die, noch ganz unter dem Eindruck der spannenden Nachmittagsvorstellung, über den Platz nach Hause eilen. Hinter den Kulissen des Circus Barum-Safari herscht geschäftiges Treiben; Vorbereitungen diverser Feierlichkeiten für die Nacht. Bei den Artisten werden Berge von Kartoffelsalat hergerichtet, andere schmücken einen neu angeschafften Tiertransportwagen mit Girlanden, Tische und Bänke werden hineingeschleppt und eine Stereo-Anlage installiert. Es gibt eine Menge zu begießen in der nächtlichen Zeit zwischen den Vorstellungen: Ein kleines Elefantenbaby ist gerade angekommen, einer der Artisten ist stolzer Vater einer Tochter geworden, ein Circusmusiker fast zur gleichen Zeit Vater eines Sohnes und außerdem gilt es Geburtstag zu

feiern. Außerdem läuft der Vorverkauf für die Abendvorstellung ausgesprochen gut.

Plötzlich ballen sich am blauen Himmel Wolken zusammen, erste schwere Regentropfen fallen. Besorgte Erwachsene treiben ihre Kinder zur Eile an, um schnell vor dem Regen nach Hause zu kommen. Die Nachmittagsvorstellung ist gerade mal vor fünfzehn Minuten zu Ende gegangen, da bricht der Sturm los.

Sturmböen von 100 Stundenkilometern rasen heran, wahre Wassermassen ergießen sich über den Circus. Innerhalb kurzer Zeit sinkt die Temperatur von 32 auf 22 Grad. Sturm und Regen tragen den Dreck der BASF von Ludwigshafen herüber, der den Platz schwefelgelb einfärbt. Personal und Artisten rennen in Panik durch das beginnende Chaos, können sich in dem entfesselten Wetter kaum auf den Beinen halten.

Der Sturm nimmt den Circus frontal: Der Einlaß knickt um, die Umzäunung wird einfach weggefegt. Die Katastrophe beginnt, als das Restaurationszelt nachgibt und durch die Plane Wasser eindringt. Schutzsuchende, die sich hierher gerettet hatten, rennen zum Chapiteau. Sie öffnen die Einlaßplane und lassen den Sturm hinein. Mit voller Wucht fährt er unter das tonnenschwere regennasse Zeltdach und reißt es von den Rondellstangen bis zur

Krone auf. Die Beleuchterbrücke bricht zusammen, Sturmstangen brechen und fallen krachend aufs Gradin, das Stahlrohr eines der Hauptmasten knickt wie ein Streichholz in Höhe des Aufzugringes ab und bleibt in Schräglage in der Hauptabsegelung hängen.

Bei den Stallzelten bietet sich das gleiche Bild. Die Pferde drohen unter einer herabgestürzten Plane zu ersticken und werden befreit, indem Helfer mit Messern die Abdeckung aufschneiden.

Plötzlich ist der Spuk vorüber. Es regnet nur noch und den Elektrikern gelingt es, die Stromkabel zu flicken und Licht zu machen. Optimistische Circusbesucher drängen sich gleich nach dem Unwetter an den Kassenwagen und fragen besorgt nach, ob die Abendvorstellung denn stattfinden kann.

Die Feuerwehr hilft und versucht, das Chapiteau am geknickten Hauptmast aufzuhängen. Da trifft Hilfe von Freunden ein. Herbert Bigalke, Zeltmeister von "Busch-Roland", der zur Zeit in Kaiserlautern gastiert, bringt mit seinen Zeltarbeitern das alte Busch-Roland-Chapiteau mit. Immer wieder von Regenschauern durchnäßt, räumen sie die zerstörten Teile ab und bauen das alte-neue Chapiteau wieder auf. Morgens um 2 Uhr steht der Circus Barum-Safari wieder, als sei nichts gewesen und die Nachmittags-

vorstellung dieses Tages kann pünktlich beginnen. Als sich vor der Kasse des Circus von Gerd Siemoneit die Menschen drängeln, steht auch Herbert Bigalke im Smoking am Eingang. Man sieht es ihm nicht an, daß er noch in der Nacht gemeinsam mit der Siemoneit-Besatzung eine Katastrophe gemeistert hat.

Im Mittelpunkt Siemoneits eigener Programme stehen bis heute die Tiere, vor allem die großen Raubkatzen. Das hat Tradition. Barum war immer ein Circus der großen Katzen, vor allem der Löwen. Schon 1878 zeigte das Barum-Plakat die Dompteuse "Miss Helio" beim Ringkampf mit ihrem Lieblingslöwen "Pascha". Der Circus war

Gerd Siemoneit's Raubtier-Circus

BARUM - SAFARI
DER CIRCUS UNSERER ZEIT

drei Jahre zuvor von Carl Froese gegründet worden. Froese arbeitete bis zu diesem Zeitpunkt als Arbeiter auf einem ostpreußischen Gutshof. Dort packte ihn das Fernweh. Kurzentschlossen verließ er seine Heimat, reiste nach Italien und heuerte dort auf einem Segler an, mit dem er Afrika erreichte. Drei Jahre später kehrte der Draufgänger zurück und brachte selbst gefangene und zum Teil schon dressierte Raubkatzen mit. Als der Versuch scheiterte, die Tiere zu verkaufen, gründete er eine eigene Menagerie und nannte das Unternehmen in Anlehnung an den amerikanischen Großcircus "Barnum", der zu jener Zeit seine erste Europatournee startete, "Barum". Größte Attraktion in Froeses Programm war seine Tochter Helene, eben jene "Miss Helio", die auf den Plakaten abgebildet war.

Die Raubkatzen blieben Barums Wappentiere. 1901 heiratete Helene Froese den Menageriebesitzer Arthur Kreiser. Die Hochzeitskutsche wurde von vier Löwen zur Kirche gezogen. Zehn Jahre nach der Hochzeit schaffte das Ehepaar Kreiser-Barum das erste Rundzelt an und reiste fortan unter dem Namen "Circus Barum". Miss Helios trat weiterhin mit ihren Löwen auf, während Arthur Kreiser vor allem Tiger und Eisbären zeigte. Am 19. Oktober 1913 machten die Kreisers Schlagzeilen: Als "Löwenschlacht von

Leipzig" ging ein katastrophales Ereignis in die Circusge-schichte ein, über das im gesamten damaligen deutschen Reich gesprochen wurde. Die Aussagen darüber, was an dem Tag geschah, als die Leipziger das Völkerschlacht-denkmal einweihten, gehen auseinander. In der Presse kolportierten Journalisten, eine Straßenbahn habe im dichten Nebel den Löwenwagen des Circus Barum ge-rammt, worauf die Löwen ausgebrochen und von "muti-gen" Polizisten zur Strecke gebracht worden seien. Arthur Kreiser schilderte den Vorfall anders. Nach seinen Aussagen waren die betrunkenen Kutscher des Fuhrunter-nehmens, die seine Raubtier- und Pferdewagen zum

Bahnhof bringen sollten, Schuld an dem Desaster. Sie hätte die Löwen durch ständiges Klopfen an den Käfigwagen gereizt, worauf sich die Raubkatzen befreien konnten. Helene Kreiser-Barum mußte mit ansehen, wie ihre Lieblingstiere von der Polizei erlegt wurden. Arthur Kreiser vollbrachte ein Bravourstück. Er lief der Löwin Poldi nach, die sich ins Hotel Bismarck geflüchtet hatte und im ersten Stock mit den Schuhen der Gäste spielte. Kreiser trieb die Löwin auf die Hoteltoilette und komman-dierte: "Sitz". Poldi, an Gehorsam gewöhnt, nahm auf dem stillen Örtchen Platz und rettete auf diese Weise ihr Leben.

Helene Kreiser-Barum baute eine neue Löwengruppe auf. Tochter Margarete wurde geboren und reiste natürlich mit. In einem Punkt beugte sie sich frühzeitig dem Elternwillen. Als sie - gerade vier Jahre alt - bei einem heimlichen Ausflug in den Löwenkäfig nicht nur ein zerrissenes Kleid und einige - zum Glück harmlose - Kratzwunden, sondern anschließend noch eine Tracht Prügel der besorgten Mutter bezog, akzeptierte sie auf Lebenszeit das Verbot für den Raubtierkäfig. Margarete Kreiser-Barum wendete ihre ganze Liebe den Pferden und Elefanten zu.

Dennoch blieb Barum der "Löwen-Circus", der mit zwei

legendären Dompteuren für Aufsehen sorgte: Mit Kapitän Alfred Schneider und seinen mehr als 30 Löwen in der Manege und später, in den fünziger Jahren, mit Gerd Siemoneit, der mit 18 Tieren die größte Löwengruppe der Nachkriegszeit präsentierte.

Siemoneit führte die Tradition des großen Raubtier-Circus fort. So hielt er die Erinnerung an die von Höhepunkten gekrönte Geschichte Barums wach, erst mit der berühmten "Gemischten" und "Onyx", dem springenden Panther, dann mit immer wieder neuen Raubtierdressuren, die bis auf den heutigen Tag von Publikum und Fachleuten gleichermaßen bewundert und gefeiert werden.

schicksalslöwen

Was macht einer, der wie Gerd Siemoneit sein Leben für die Raubtiere lebt, wenn es geschäftlich bergauf geht? Als die Anfangsschwierigkeiten überwunden waren, er Fachleute gefunden hatte, auf die er sich verlassen konnte und endlich das erste Geld in der eigenen Circuskasse klingelte, da trat der Geschäftsmann wieder in den Hintergrund, packte die Manegenpersönlichkeit Gerd Siemoneit wieder der Ehrgeiz. Die erste Investition, die der junge Circuschef tätigte, war folgerichtig die Anschaffung einer weiteren Raubtiergruppe.

Die Auseinandersetzung mit den stolzen "Königen der Wüste" war für Siemoneit immer eine besondere Herausforderung gewesen. Auch die schlimmen Verletzungen, die ihm die Löwen in Ankara beigebracht hatten, konnten seine Zuneigung zu diesen prachtvollen Tieren nicht erschüttern.

Seine neue Löwengruppe, die er bereits im zweiten Jahr seines Circus zusammenstellte, bestand zunächst aus einer Formation von neun Löwenjünglingen. Der zehnte kam, dreizehn bis vierzehn Monate alt, nachträglich in die Gruppe, deren Durchschnittsalter knapp zwei Jahre betrug. Als Neuling wurde der "Kleine" von den anderen ständig gepiesackt. Weil er sich in sein Schicksal ergab, sich nicht wehrte und sich den anderen unterwarf, blieb ihm

jedoch Schlimmeres als nur herumgestupst zu werden erspart. Immer ließen ihn die anderen merken, daß er nicht zu ihnen, den Löwen der ersten Stunde gehörte, er sozusagen ein "Zugereister" war. Bis "Simba", so hieß der Kleine, als er zweieinhalb Jahre alt geworden war, von der Hin- und Herstoßerei die Nase voll hatte. Ähnlich wie ein Mensch mit der Faust auf den Tisch haut und sagt: "So jetzt ist Schluß hier!", sprang er mit lautem Gebrüll auf jeden, der sich ihm auch nur um einen Millimeter mehr näherte, als er es zuließ. Die anderen Löwen waren durch das plötzliche forsche Auftreten so verblüfft, daß sich von da an keiner mehr auf einen Kampf mit ihm einließ.

Obwohl "Simba" sich nun Respekt verschafft hatte, versuchte er nie, diese Position im Rudel weiter auszubauen. Die Macht überließ er "Nero". Gegen ihn wäre der Kleine chancenlos geblieben. "Simba" gab sich mit der Ruhe zufrieden, die er fortan genoß. Erst einmal herrschte Friede in der Gruppe.

Eine Raubtiergruppe ist nie statisch, sondern ein dynamisches Gebilde mit ständigen Verhaltensänderungen. Erst der Wechsel zur Eröffnungsveranstaltung von der Trainingshalle in die Manege erzeugte neue Nervosität unter den Tieren. Kaum hatten sie den Zentralkäfig betreten, begannen Raufereien, die sich bis zur Raserei

steigerten. Einer biß den anderen in die Beine, in die Flanken. Die Hölle war wieder einmal los. Die Tiere waren so aufgeregt, daß sie sich nicht nur einzeln, sondern zu zweit oder dritt gegen Gerd Siemoneit stellten. Ihm wurden die Knie weich. Mit kleineren Postamenten verschaffte er sich Atempausen. Er schleuderte sie frontal gegen die geifernde Meute. Die Löwen stoben auseinander, um wieder übereinander herzufallen, bis sich einige erneut ihren Dompteur ausguckten. Der Hauptradelsführer war "Prinz", der - als müsse er das Vermächtnis des guten alten "Royal" erfüllen - ständig das Feuer des Unfriedens neu entfachte. Mit Helfern von außen gelang es Siemoneit, ihn aus der Manege in den Laufgang zu drängen. Die anderen beruhigten sich bis auf wütendes Fauchen und der Mann mit dem weiß bemalten Besenstil und der Peitsche konnte die Nummer zu Ende bringen.

Der Beifall raste wie eine Woge über den mutigen Mann in der Manege, dem nicht so recht wohl sein wollte über den zweifelhaften Erfolg. Sich wie ein Gladiator zu raufen, war seine Sache nicht. Die Bändiger-Mentalität legte er nach den Erfahrungen auf dem Balkan und den folgenden Gastspielen ab. Mit leichter Hand bewegte er seine Raubkatzen, spielerisch präsentierte er die herrlichen Geschöpfe seinem Publikum.

Seine Arbeitsweise formuliert Siemoneit so: "Das sind keine blutrünstigen Bestien, sondern Geschöpfe Gottes oder der Natur, denen wir die Würde lassen sollten, unsere schwächeren Brüder, deren Lebensraum in ihrer Heimat immer mehr eingeengt wird und denen das Arbeiten in der Manege Freude bereitet, sogar Bedürfnis ist, denn diese Tiere sind alles andere als stupide."

Nach der dramatischen Eröffnungsvorstellung herrschte wieder Ruhe unter den Löwen, die ausgerechnet nur bis zu einem Fernsehauftritt mit Freddy Quinn für die Sendung "Glückspirale" anhielt. Die Tiere hatten eine Phase, in der ihnen ihre Triebhaftigkeit zu schaffen machte.

Außerdem irritierten sie Fernsehkameras, die ständigen Proben und die fremde Umgebung. Sie wurden nicht bösartig gereizt, aber der ganz normale Circus-Rhythmus fehlte ihnen. Der Begriff "Gewohnheitstier" ist keineswegs unsinnig.

Kleinere und größere Beißereien gingen dem Auftritt voraus, das Barometer stand auf Sturm. Siemoneits innere Stimme warnte, sein siebter Sinn mahnte zur Vorsicht. Als die Tiere für die Fernsehaufzeichnung in die Manege liefen, merkte der erfahrene Dompteur, wie sich ihm auf den Unterarmen und im Nacken die Haare aufrichteten. Haltung, Blicke, Mienen und Ohrenstellung der Löwen

158 deuteten darauf hin: Heute, vor den unerbittlichen Augen der Kameras, wollten sie mit ihrem Herrn raufen. Siemoneit erinnert: "Mir war auf einmal, als würden alle meine Sinne wie durch einen Knopfdruck um das Doppelte hochgeschaltet. Einen solchen Aufmerksamkeits- und Bewußtseinsgrad hatte ich noch nie erlebt. Es war mir so, als hätte ich nach einer Stunde Dia-Vorführung plötzlich bei einem Bild die doppelte Schärfeneinstellung gefunden." Zu Beginn lief die Nummer gut an. Die Löwenmänner wollten sich zwar ständig ans Fell, aber Siemoneit konnte stets im richtigen Moment eingreifen und Raufereien beenden. Er wußte auf den Bruchteil einer Sekunde, wie lange er den Tieren den Rücken zuwenden konnte. Während die Aufnahmen liefen, schaffte er es, die Bande bei der Stange zu halten. Kaum waren die Tiere aus der Manege und in ihren Käfigwagen, da entlud sich das Stillhalten während der Aufnahmen in einer wilden Beißerei. Mit großer Mühe gelang es Siemoneit und seinen Tierpflegern, die Löwen durch eingeschobene Zwischenwände zu trennen.

Holt man die Tiere einige Stunden nach derartigen Raufereien wieder zur Probe oder zur nächsten Vorstellung, ist der Ärger verflogen. Dann ist alles verziehen und vergessen. Das ist das Wunderbare an der Arbeit mit den

großen Katzen. Richtige Tierfeindschaften gibt es nicht, Löwen sind nicht nachtragend.

Der Dompteur ist das Leittier eines solchen Rudels und Hierarchien werden ausgebissen. Für Löwe und Mensch ein gleich gefährliches Unterfangen, wie Siemoneit im Juni 1979 in München erfahren mußte. Im Mittelpunkt des nachfolgenden Geschehens stand "Prinz", dessen Rolle als Streithahn schon Erwähnung fand. Gelegentliche Beißereien in der Manege konnten erfolgreich verhindert werden, aber an einem Freitagabend kulminierte die gereizte Stimmung unter den vierbeinigen Herren mit den stattlichen Mähnen.

Siemoneit zeigte während der Dressur das sogenannte Karussel: Ein Tier blieb als Pol stehen und die anderen bewegten sich wie ein Uhrzeiger um den in der Mitte stehenden Löwen. "Negus" blieb liegen, weil er offensichtlich die Bisse seiner Konkurrenten fürchtete. Die Weigerung iritierte "Prinz", der sofort auf den Liegenden stürzte und auf ihn einbiß. "Negus" wehrte sich und sein Gebrüll war für die anderen ein Signal. Sollte sich "Ankara" noch einmal wiederholen? Ich will Gerd Siemoneit selbst erzählen lassen, aus der Perspektive des Betroffenen, den Leser in den Zentralkäfig einladen: "Ich, der ich mir seit dem Unfall in Ankara ständig selbst einrede, es sei zum einen

unmöglich, zum anderen Wahnsinn, streitende Löwen auseinanderzuhalten, unterließ es instiktiv, dieses Mal einzugreifen und sprang hinter ein großes Postament, um etwas Deckung zu haben. Wenn auch nicht aus dem Schlachtfeld selbst, so versuchte ich doch aus dessen Zentrum zu gelangen. Zu meinem Pech spielte sich die Hauptbalgerei direkt vor der Ausgangstür ab, so daß mir der rettende Weg ins Freie verbaut war. Ich gestehe es ein, ich wäre bestimmt rausgelaufen, wenn ich es nur gekonnt hätte. Zum einen bekommt man mit der Zeit ein sehr ausgeprägtes Gefühl dafür, ob es nach "Kränzen riecht" oder noch nicht, zum anderen hatte ich zu dieser

Zeit nicht nur wie einst meine Aufgabe als Dompteur, sondern dazu noch meine Verpflichtungen als Circuschef. Es mag zwar sein, daß in meinem Unterbewußtsein die vielen Versprechen rumorten, die ich meinen Leuten geben mußte, vorsichtig zu sein, aber das war nicht der eigentliche Grund. Es war anders als sonst, ich wollte raus, aber ich konnte nicht, der Weg zum Ausgang war verbaut. Die Laufgangtür wurde geöffnet, und ein Löwe nach dem anderen, die feigeren zuerst, verließ die Manege. Zum Schluß standen nur Prinz und ich uns im Käfig gegenüber. Er nahm mich direkt an und kam auf mich zugeschossen, so, als wollte er in seiner Rage sagen "Ich bin gerade so in

Form, du bist der Nächste". Vielleicht ärgerte er sich auch darüber, daß er die Manege nicht ganz leergeräumt hatte und wollte dies nachholen. Ich wehrte ihn mit der Fanggabel ab, doch die beeindruckte ihn nicht. Im Gegenteil: Er legte seine Pranke auf die Gabel und bog sie über einer Ecke des Postamentes krumm, als wäre sie aus Knetmasse. Schnell kippte ich das Postament um, so daß ihm die Beine entgegenstanden. Da kam schon sein Schlag! Er traf meine Hüfte und wischte mich zwischen die herumliegenden Postamente. Trotz meiner rasenden Schmerzen merkte ich, daß Prinz während des Prankenhiebes die Krallen nicht ausgefahren hatte, sonst hätte er mich zerfetzt. Jetzt ging es um mein Leben, ich mußte sofort auf die Beine. Hoch, sonst hat er dich, dachte ich."

Man ist versucht zu denken: Da ist ständig die Rede von humaner Dressur und Partnerschaft , dabei toben die gefährlichsten Kämpfe in der Manege. Doch humane Dressur und gefährliche Auseinandersetzungen in der Manege sind kein Widerspruch. Humane Dressur beinhaltet die Anerkennung des vierbeinigen Gegenüber, das Umgehen mit seiner Wildheit, seinen Eigenarten. Es bedeutet auch, ihm den freien Willen zu lassen, um die Hierarchie im Rudel zu kämpfen. Siemoneit zwingt keine Großkatzen durch Feuerreifen zu springen, er steckt seinen Kopf niemals in einen Löwenrachen, weil derartige Szenen das Tier entwürdigen. Schon damals bei Wiesner: die Tigerrasur widerstrebte dem Neuling, der sich seinen Wunsch erfüllte und der den erwartungsvollen Blicken der Raubkatzen standhielt. "Kein Krieg in der Manege" schließt Beißereien nicht aus, weil sie zu den natürlichen Ausdrucksmitteln des Wildtieres gehören.

Es gibt eine Theorie, die sagt, daß ein für Raubkatzen unerwartet, plötzlich auf dem Boden liegender Dompteur von diesen nicht mehr als der ihnen bekannte angesehen wird. Sie verlieren nämlich das vertraute Bild, sind nicht in der Lage, die stehende und die liegende Person als ein und dieselbe zu begreifen und handeln entsprechend ihrer biologischen Verhaltensweisen und instinktiven Zwänge. Sehen wir den Fortgang der lebensgefährlichen Situation in der Münchner Manege weiter mit den Augen des Betroffenen: "Ich war schon wieder auf den Beinen, ehe Prinz um das Postament herum war und hatte das nächste schon angekippt und mit einem Stoß auf ihn zubewegt. Da stoppte er. Auf Postamente gehen Raubkatzen ungern los. Sie haben schon bei der Dressur die Erfahrung gemacht, daß so ein umgestürztes Postament ein Hindernis ist, das man weder wegrücken noch verletzen kann. Der Umstand, daß es überwiegend aus hartem Eisen besteht,

macht es ihnen zusätzlich unsympathisch.
Jetzt versuchte ich, das Tier zurückzudrücken, merkte
aber, daß Schreck, Verletzung und Anstrengung meine
Kräfte aufgezehrt hatten. Ich zitterte am ganzen Körper.
Prinz stürzte sich erneut auf mich. Ich raffte meine letzte
Kraft zusammen, um ihn von mir abzuhalten und dachte,
daß er mich jetzt kriegt. Das Tier hatte mir völlig den
Schneid abgekauft und die Oberhand gewonnen. Ich
erwartete eigentlich nur noch mein Ende. Wie durch ein
Wunder ließ Prinz von mir ab, stellte sich mit hocherhobe-
nem Haupt in etwa drei Meter Entfernung vor mein
Postament. Von außen versuchten Helfer mit Stangen und

Klappern den Löwen zur Laufgangtür zu bewegen. Es half
nichts. Mir fehlte die Kraft zu einem Angriff mit Postamenten. Ich blieb, wo ich war und gab das Kommando, den
Wasserschlauch zu holen. Obwohl die Kollegen sich vor
Eifer fast zerrissen, dauerte es eine Ewigkeit, bis der
Feuerwehrschlauch vom Sattelgang, wo er immer bereit
lag, durch den Circus gerollt und über meine Schultern
hinweg auf Prinz gerichtet werden konnte. Wasser
marsch! Der Strahl traf ihn so, daß er zurückwich. Als er
fast an der Laufgangtür war, rief ich: "Genug, aufhören!"
Dem Tier, das hochgradig erregt war, mußte nun die
Möglichkeit gegeben werden, zu erkennen, daß es der

unfreiwilligen Dusche am besten entrinnen konnte, wenn es den Heimweg in seinen Käfigwagen antrat. Durch den Lärm - das Publikum tobte und schrie natürlich - überhörten die draußen mein Kommando, und als mein zweites befolgt wurde, war es schon zu spät. Prinz kam wieder und ging erneut auf mich los. Abermals drehten die Mitarbeiter den Schlauch auf und das Wasser hielt das Tier notdürftig davon ab, mir den Garaus zu machen. Einmal geriet der Wasserschlauch aus der Kontrolle und traf das Publikum. Jeder kann glauben, daß ich nicht darüber gelacht habe. Während der Wasserorgie bemerkte ich, daß um den Laufgang herum neues Getümmel entstand. Mit Entsetzen

sah ich, daß ein zweiter Löwe im Begriff war, aus seinem Wagen in die Manege zurückzukehren. Das hätte mir gerade noch gefehlt. Ich rief "Tür zu!" Mit einem lauten Krach wurde sie zugeschmettert. Prinz erkannte nun seinen Weg, um ins Trockene zu gelangen. Der Knall der Tür hatte ihn aufmerksam gemacht. Außerdem bemerkte er den zurückgekommenen Löwen im Laufgang und stürzte sich mit Gebrüll auf den neuen Widersacher. Mein Glück. In Bruchteilen von Sekunden wurde die Laufgangtür wieder aufgerissen und Prinz setzte dem dort befindlichen Tier nach, das Hals über Kopf reißaus vor dem Prinzen nahm. Hinter Prinz fiel die Tür abermals mit lautem

Krachen ins Schloß, daß sie dem Tier fast den Schwanz eingeklemmt hätte." Gerd Siemoneit war gerettet und fiel seiner Frau in die Arme, die vom Manegenrand die dramatischen Ereignisse verfolgt hatte. Eine Frage bewegte den Herrn der Löwen: Warum hatte "Prinz" die Krallen nicht ausgefahren? Weil er sein Gegenüber als gleichwertigen Rivalen anerkannte, mit dem er den Kampf um die Spitze in der Löwenhierarchie ausfechten wollte?
Alle lagen ihm in den Ohren, den Löwen abzugeben, kein Risiko mehr mit ihm einzugehen. Schweren Herzens brachte er "Prinz" in einen Zoo. Jahre später besuchte er ihn und sah ihn friedlich an der Seite einer schönen Löwin im Gehege. So sehr er mit ihm gerauft hatte, wie lange er mit ihm zusammen gelebt hatte, "Prinz" erkannte seinen Freund, Partner und Rivalen nicht wieder. Siemoneit rief ihm die alten Kommandos zu, doch der Löwe blinzelte nur seine Partnerin an. Da nahm er endgültig von ihm Abschied, ohne zu wissen, wer bei wem in welcher Schuld stand. Es war gut zu wissen, daß "Prinz" sich wohlfühlte. Sein erster Schicksalslöwe "Royal" zog damals mit dem Circus de Jonghe nach Belgisch Kongo in seine Stammheimat zurück. Was aus ihm wurde, erfuhr Siemoneit nie. Da war ihm jetzt wohler in seiner Haut, da er "Prinz" in den sanften Pranken einer Löwin wußte.

GERD **SIEMONEIT** B

der direktor steuert das schiff

170

Gerd Siemoneit blieb mit seinem Circus auf Erfolgskurs. Als 1978 der Circus Barum sein 100jähriges Bestehen feierte, da feierte auch das Großstadtpublikum mit. Frankfurt, München, Hamburg - Premieren-Ort der 100-Jahre-Barum-Schau - und Berlin, lagen dem Mann zu Füßen, der den eigenen Betrieb zur großen Nummer geführt hatte. Seit 1972 war auch der Name "Safari", mit dem Siemoneit 1970 in die Selbständigkeit gestartet war, verschwunden: Allein "Barum" hieß der Circus, der Dompteur und Direktor nannte sich fortan Siemoneit-Barum und Einbeck, die Heimatstadt des aufstrebenden Unternehmens, bedankte sich auf seine Weise: Seit 1973

heißt die Straße, an der Siemoneits Winterquartier liegt, ganz offiziell "Barumstraße".
Für die Premiere zum 100jährigen schickte der Chef die Hausartisten nach Paris und sie kehrten mit modisch-eleganten Kostümen des führenden Modeateliers "Vicaire" zurück. Chic und Noblesse durchzogen wie ein roter Faden das Programm, in dem schöne Frauen ebensowenig fehlten, wie die für Siemoneit typischen großen Tiernummern. Die große Elefantengruppe, jahrelang Schlußnummer, rückte in den ersten Programmteil und überließ ihren alten Platz einer 14 Personen umfassenden bulgarischen Truppe, die zu mitreißender Musik mit Saltos und Schrau-

ben von mehreren Schleuderbrettern durch die Luft wirbelte und dabei - erstmals in Deutschland - bis zu fünf Akrobaten übereinander in menschliche Pyramiden türmte.

Meisterleistung reihte sich an Meisterleistung: Die Zebras liefen brav wie Pferde in einer Freiheitsdressur, exotische Tiere aus aller Herren Länder erschienen in der Manege, edle Pferde zeigten ihr Können. Ob fliegende Menschen oder lustige Schimpansen, Tempojongleure oder herrlich komische Clowns, diese Jubiläums-Schau übertraf alle Erwartungen.

Im Mittelpunkt stand der Direktor mit seinen 15 sibiri-schen Tigern. Während sie im Zentralkäfig erschienen, entlockte Siemoneit ihnen die ersten Kunststücke: einer sprang über den anderen, Sprünge von Podest zu Podest und über den Dompteur hinweg waren zu bestaunen. Mit voll versammelter Tigermannschaft baute Gerd Siemoneit die riesige Schlußpyramide aus gestreiften Raubkatzenlei-bern.

Den Tigern folgten die Mähnenlöwen, die mit humorvollen Dressurpiecen das Publikum zum Applaus reizten. In einer Zeitungskritik war zu lesen: "Auch von der Regie her ist Direktor Siemoneit-Barum ein Volltreffer gelungen. Hier sind keine Längen zu spüren und kommt keine Langeweile

auf, vom exotischen Opening, gestrafft gegenüber früheren Jahren, bis hin zum Finale, bei dem der Chef mit drei kleinen Raubkatzen in einer Käfiggondel über dem Tierkarussell mit Pferden und Exoten und allen anschließend in die Manege strömenden Mitwirkenden schwebt - eine Szene, die minutenlangen Beifall herausfordert."

Der Erfolg, den Gerd Siemoneit nun auch als Circusdirektor erntete, war der Lohn für die harte Arbeit, die großen Mühen, die er in die Erfüllung seines Kindheitstraumes investiert hatte. Genauso geradlinig und zielstrebig wie als Dompteur war er auch die Aufgabe als Circuschef und Unternehmer angegangen. Schon lange bevor "Safari" oder "Barum" auf Tournee gingen, hatte ihr künftiger Direktor wieder und wieder die Programme im Kopf durchgespielt, Ideen notiert, andere verworfen, mit Freunden diskutiert und schließlich Stück für Stück in die Tat umgesetzt. Ein ganz besonderer Circus sollte es werden, einer, der unverwechselbar die Handschrift des beliebten Raubtierdompteurs tragen würde.

Raubtiere mußten im Mittelpunkt stehen, soviel war klar. Aber welche anderen Darbietungen, welche Tiere und Artisten würden sich am besten zusammenfügen lassen, um dem Publikum zwei bis drei Stunden von jenem Zauber zu vermitteln, den er selbst Zeit seines Lebens immer

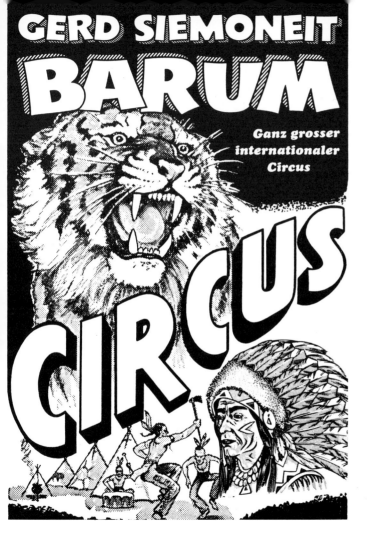

verspürt hatte, sobald er ein Circuszelt betrat? Das Erfolgsrezept, das aus all diesen Überlegungen schließlich geboren wurde, war eigentlich ganz einfach. Wie in der guten Küche sind auch hier die einfachsten Rezepte oft die besten. Gerd Siemoneit ist Überzeugungstäter. Er präsentiert seinem Publikum einfach das, was ihn selbst staunen, lachen oder träumen läßt. Er zeigt das, was er selbst so liebt - und tausende von Menschen teilen diese Liebe mit ihm Tag für Tag. Exotik lautet eines der Barumtypischen Ingredienzen, Ästhetik und beschwingte Heiterkeit die anderen. "Der Unterhaltungswert muß stimmen", faßt der Programm-Macher Gerd Siemoneit seine Absich-

ten zusammen.

Zu den Raubtieren gesellte sich eine bunte Arche Noah weiterer Vierbeiner, der Circus wurde zum reisenden Dschungelbuch. Auch seine Menschen sind exotisch: Marokkanische Tänzer ziehen durch die Manege, anmutige Frauen spielen mit Riesenschlangen. Fernweh packt die Zuschauer und läßt sie träumen.

Jung und elegant müssen die Artisten sein, die in der Barum-Manege auftreten wollen. "Jede Darbietung soll eine persönliche Note mitbringen. Sie darf nicht sensationslüstern sein, aber prickelnd und berauschend wie ein gutes Glas Champagner", beschreibt Gerd Siemo-

neit die Wesenszüge der von ihm bevorzugten Nummern. Immer wieder finden sich in seinen Programmen die legendären fliegenden Menschen, die ihre Saltos und Pirouetten hoch über den Köpfen des Publikums drehen. Wie der Raubtierdompteur weiß auch der Circuschef Gerd Siemoneit genau was er will und geht keine Kompromisse ein. Als er einmal eine große Trapeznummer unter Vertrag nahm und seine Techniker ihm vorrechneten, daß das Trapezgerät gar nicht in das Barum-Zelt passen würde, da gab er Anweisung, einfach alle Masten um einen Meter zu verlängern, sodaß die engagierte Truppe im erhöhten Chapiteau ihre Nummer ungehindert vollführen könnte.

Der Humor darf dabei nicht zu kurz kommen. Kein Barum-Programm ohne hervorragende Clowns und Komiker. Bunt geschminkt lassen sie Kinderaugen strahlen, mit akrobatischem Slapstick und verblüffenden Kaskaden halten sie den Menschen den Spiegel vor. Wenn sie mit der Tücke des Objekts kämpfen und am Ende doch lachender Sieger bleiben, treibt es den Zuschauern die Lachtränen in die Augen.

Nie wäre es dem Circus-Puristen Siemoneit in den Sinn gekommen, auf Live-Musik in seinem Circus zu verzichten. Im Gegenteil: Als andere Circusunternehmen die Musiker einsparten und durch ein Tonband ersetzten, da stockte er seine Big Band noch auf und ließ das Orchesterpodium zentral zwischen den Artisteneingängen im Chapiteau plazieren. Bekannte Arrangeure schreiben den Barum-Artisten die Musik auf den Leib, Trommelwirbel unterstreicht die Spannungsmomente, Musicalmelodien geben der Vorstellung ihren Schwung.

Es spricht für sich, daß die meisten Nummern über mehrere Jahre bei Barum bleiben. Wie eine verschworene Gemeinschaft hält die Truppe zusammen, man hilft sich gegenseitig und arbeitet gemeinsam am Gelingen der Schau. Dieses Gefühl der Gemeinsamkeit überträgt sich auf die Zuschauer. Bei Barum hat der Circus Persönlich-

keit, spürt man die Liebe, mit der alles zusammengestellt wurde.

Zur großen Barum-Familie gehören auch die, die nicht im Rampenlicht stehen, die fleißigen Platzanweiser, Requisiteure und Zeltarbeiter, die mit genauem Timing dafür sorgen, daß das Chapiteau zur richtigen Stunde am richtigen Platz steht. Wenn Gerd Siemoneit im Finale immer als erstes seine "fixen Jungs" aus Marokko vorstellt, dann spendiert das Publikum nicht nur Höflichkeitsapplaus. Auch Geschäftsführer, Pressechefin, Zeltmeister, Fuhrpark- und Betriebsleiter, sie alle halten Siemoneit seit vielen Jahren die Treue und sind dieses Stück seines Lebenswegs mit ihm gegangen, der so gewagt und gefährlich war wie die Arbeit mit den Raubtieren.

Ohne diese eingespielte Truppe wäre der Circus nicht möglich. Bei dem präzise kalkulierten Tourneeplan darf keine Stunde verschenkt werden, jeder Handgriff muß sitzen, denn oft bleibt nur ein halber Tag zwischen dem Finale in der einen und dem Eröffnungstusch in der nächsten Gastspielstadt. 12 Stunden, in denen das Zelt und seine Sitzeinrichtung abgebaut, verstaut, transportiert und wieder aufgebaut werden müssen. Eine entscheidende Änderung nahm Gerd Siemoneit in den Jahren 1983 bis 1985 vor: wie andere Circusunternehmen auch verlegte

Barum den Transport von den Schienen auf die Straße. Bis dahin reiste der Circus noch mit zwei Sonderzügen der Bahn durch die Lande. Auf einem Zug wurde das technische Material, die vielen Wohn-, Pack- und Gerätewagen transportiert, im anderen reisten die zahlreichen Barum-Tiere zu ihrem nächsten Auftrittsort. Die Verladung dauerte oft bis tief in die Nacht, im frühen Morgengrauen machten die Züge quietschend Halt am Bestimmungsbahnhof. Mit dem Entladen der Waggons begann das neue Gastspiel und spätestens wenn die Tiere ankamen und den Fußmarsch vom Bahnhof zum Circusplatz antraten, versammelten sich die Schaulustigen.

Mit neuen Sattelschleppern und verschiedenen Spezialfahrzeugen für den Transport der wertvollen Tiere machte sich der Circus jetzt unabhängig von der Bahn, deren Kosten nicht nur in astronomische Höhen geschnellt waren, sondern die zugleich immer mehr Strecken stilllegte. Wenn der Circus weiterhin in allen Orten spielen wollte wie bisher, war er auf den eigenen Transport über Autobahn und Landstraße angewiesen.

Auszeichnungen markieren den Weg des Circus Barum und seines Chefs: 1971 erhielt er in Kassel den "Stern der Manege", 1975 beim Internationalen Circus-Festival in Monte Carlo den "Silbernen Clown". In den darauffolgen-

den Jahren bat man Gerd Siemoneit mehrfach, im Fernsehen die Moderation des Festivals zu übernehmen, eine Bitte, der der Circusdirektor von Barum gerne nachkam. 1976 erhielt er das Bundesverdienstkreuz der Bundesrepublik Deutschland und 1978, zum 100jährigen Bestehen des Circus Barum, sagte der damalige Bundeskanzler Helmut Schmidt: "Der gute alte Barum hat sich seinen Zauber bewahrt. Er hat es verstanden, durch modernes Management und hervorragende Organisation gegenüber den modernen Unterhaltungsmedien existenz- und konkurrenzfähig zu bleiben". Dieses Lob vom Regierungschef machte deutlich, welche Fähigkeit Gerd Siemoneit-Barum

auch außerhalb der Manege entfaltet hatte.

Der Circus ist ein Unternehmen mit großer Risikoanfälligkeit: Es wechselt ständig den Standort, stellt sich immer wieder neu der vom Zeitgeist beeinflußten Gunst des Publikums. Der Chef dieses Unternehmens trägt die Verantwortung für mehr als hundert Angestellte von unterschiedlichem und auch schwierigem Charakter, zusätzlich hat er für empfindliche exotische Tiere zu sorgen und oft die ausgefallensten Situationen zu bewältigen. Da stellt sich die Frage: Hat ein Circusdirektor Privatleben? Er hat, aber Privatleben und Circusleben lassen sich nicht trennen, das Privatleben richtet sich, wo

es möglich ist, nach dem Tourneeplan des Circus, muß in Spiel-, Auf- und Abbauzeiten integriert werden.

Während eines Engagements in Blackpool lernte Gerd Siemoneit-Barum die Schauspielerin, Sängerin und Tänzerin Rosalind Early kennen und lieben, die er - inzwischen Witwer - im Jahre 1975 heiratete. Der Hochzeitstermin war der 14. November, der Ort der Verbindung Köln. Heimlich, also ohne öffentliches Aufsehen, sollte die Trauung vollzogen werden. Die Mitarbeiter gedachte Gerd Siemoneit-Barum erst nach der Hochzeit zu informieren, als Überraschung sozusagen. Doch er hatte die Rechnung ohne seine treuen Circusgefährten gemacht. Es sickerte

ein Stückchen Information durch, sodaß sich die Circusleute beim Standesamt Köln-Mitte erkundigen konnten und den Termin erfuhren. Als die Frischvermählten vom Standesbeamten entlassen vor die Tür traten, gab es draußen Circus. Kamele, Dromedare, Känguruh und Nilpferd bildeten ein Spalier, die Circuskapelle nahm ihren Chef und die neue Chefin mit Musik in den neuen Lebensabschnitt auf, in dem der Circus für beide eine entscheidende Rolle spielen würde. Artisten hielten einen Tiger aus frischen Herbstblumen und der Kölner Stadt-Anzeiger stellte in seiner Titelzeile am nächsten Tag fest: "Dompteur ließ sich zähmen".

Ein ungewohntes Leben für Rosalind Siemoneit-Barum? Die örtliche Tageszeitung vermerkte dazu: "An Sägemehlgeruch und Pferdeschnauben wird sich Frau Siemoneit schnell gewöhnen: als ehemalige Tänzerin im Londoner Fernsehballett "Second Generation" fällt ihr der Sprung zum Circus nicht schwer."

In den Tourneeplan 1977 war die Geburt des ersten Kindes bei den Siemoneits fest eingeplant. Nach Rücksprache mit einer befreundeten Ärztin sollte der Nachwuchs im November in Freiburg zur Welt kommen. Damit keine Überraschungen den fixierten Termin kippen konnten, polsterte Gerd Siemoneit den Beifahrersitz seines

Geländewagens mit Kissen aus, wenn seine Frau und er von einem Festspielplatz zum nächsten fuhren. Genauso in der Nacht zum 19. Oktober auf der Fahrt nach Ulm. Der Wagen kreuzte eine Bahnstrecke, es holperte mächtig. Selbst die Kissen fingen die Stöße nicht auf und Rosalind rief: "Ich glaube, es geht los. Die Fruchtblase ist geplatzt." Die Wehen setzten noch nicht ein, dennoch rutschte der werdende Vater nervös auf dem Fahrersitz und dachte: "Zwei Uhr nachts ein Krankenhaus suchen. Nichts ist vorbereitet, nicht einmal das Notköfferchen gepackt." Gottseidank erreichten sie bald den Festplatz in Ulm, der Wohnwagen wurde in Stellung gebracht, Rosalind konnte

sich endlich hinlegen. Gerd Siemoneit drehte seine Runde über den Platz und entdeckte mehrere Wohnwagen, die nicht zum Circus gehörten. Es waren Roma, die hier Rast machten. Siemoneit dankte dem Himmel für die Nachbarschaft, denn da gab es eine Menge Kinder, folglich auch viele Mütter, die sich mit Geburten auskannten. Er fühlte sich erleichtert.

Rebecca wurde am folgenden Tag, ganz gegen den Tourneeplan, in Ulm geboren. Ihre Tochter, so sagten es sich die glücklichen Eltern, sollte eine Circusprinzessin werden. In ganz jungen Jahren bewegte sich Rebecca bereits sicher in der Manege, führte als "Heidi" kleine

Ziegen vor und verblüffte als Zehnjährige bereits das Publikum mit akrobatischen Kunststücken. 1989 wird Rebecca entdeckt - für's Fernsehen. Sie wechselt das Metier und wird die "Iffi" in der "Lindenstraßen"-Familie Zenker. Längst hat sie sich einen festen Platz in den Herzen der "Lindenstraßen"-Fans erobert. Doch "Becci" hat das Entertainer-Blut ihrer Eltern: Seit Januar 1995 moderiert sie als jüngste Moderatorin der ARD das Jugendmagazin "Lollo Rosso".

Die negativen Erfahrungen der nächtlichen Fahrt nach Ulm, die holperigen Bahngleise, die die Planung der Siemoneits durcheinanderbrachten, machte sich Rosalind im Juli 1982

zunutze. Am vorletzten Tag des München-Gastspiels folgte der Circus einer Einladung des Zoos in Hellabrunn. Rosalind Siemoneit-Barum, erneut hochschwanger, fuhr mit der Straßenbahn zum Zoo, darauf hoffend, daß die unruhige Tour durch die Stadt die Wehen auslösen möge, denn der Circus hatte eine längere Überfahrt nach Weiden in der Oberpfalz vor sich. Die Straßenbahnfahrt blieb nicht ohne Folgen. Sohn Maximilian kam am 10. Juli noch in München zur Welt. Getauft wurde der "Stammhalter" in Köln, Taufpate war der TV-Moderator Max Schautzer, den die Siemoneits bei Fernsehaufnahmen kennengelernt hatten.

Neun bis zehn Monate im Jahr sind die Siemoneits mit ihrem Circus unterwegs in Deutschland. Der prächtige alte Bauernhof in Einbeck, umgebaut zu einem modernen Stammquartier, läßt bei ihnen kein ausgeprägtes Wohlgefühl aufkommen. Das große Anwesen, zwischen Kassel und Hannover auf der Nord-Süd-Achse der Bundesrepublik gelegen, ist für die Circusleute nur Durchgangsstation zwischen Saisonschluß im späten Herbst und Saisonstart im frühen März.

Wenn Gerd Siemoneit zwischen November und Februar die abgestellten Wohnwagen betritt, überkommt ihn Wehmut: Hoffentlich geht es bald wieder los. Er denkt an den Treck quer durch die Republik, mit Mann und Maus, mit Wagentroß und Tierpark. Aufbauen, spielen, abbauen und wieder auf die Straße. Das ist sein Leben. Circusleute, sagt er, müssen über eine gewisse Schräglage verfügen. Er meint das nicht negativ und doch auf den Charakter bezogen. Er beschreibt mit "Schräglage" den Seelenzustand und die Fähigkeit, auf Achse sein zu können. Viele seiner Mitarbeiter, räsoniert er, haben beim Circus auch ihre Heimat: Der Seefahrer, dem die Frau abgehauen ist und der nun als freundlicher Portier in bunter Uniform das Publikum empfängt; der Tierpfleger, der als Volkspolizist die Schnauze voll davon hatte, eine unsinnige Grenze zu

bewachen und "rübermachte" in den Westen. Der Direktor sorgt dafür, daß die "Schräglage" ausbalanciert wird, er harmonisiert die Truppe, denn sonst läuft das Geschäft nicht, das Mensch und Tier ernähren muß. Allein der Wagenpark verschlingt in den Wintermonaten eine halbe Million Mark, bevor er wieder auf die Straße gehen kann. Fünf Millionen Mark Kosten pro Saison verursacht der Circus, die an der Kasse eingespielt werden müssen. Gerd Siemoneit trägt dafür die Verantwortung und seinem Naturell entsprechend trägt er sie allein: "Für Fehler bin ich verantwortlich, bei mir suche ich die Schuld, ich hätte so planen müssen, daß andere keine Fehler machen."

Er engagiert Artisten, technisches Personal, er führt Regie für das gesamte Programm, in diesem Fall beraten und unterstützt von seiner Frau Rosalind; er stellt sich neuen Aufgaben in der Raubtierdressur und nur, wenn er täglich die Herausforderung annehmen kann und sie bewältigt, kommt auch sein Leben ins Gleichgewicht, trotz der notwendigen Schräglage, die er auch für sich in Anspruch nimmt.

eine arche noah namens "barum"

190 Die berühmte gemischte Raubtiergruppe mit dem schwarzen Panther Onyx nahm Gerd Siemoneit mit hinüber in seine Zeit als Circusbesitzer und -direktor. Die Arbeit mit ihr begründete seinen Ruf als kompetenter Fachmann für Tierpsychologie. Kongresse luden den Dompteur als Referenten und Fachmagazine baten ihn, als Autor über seine Erfahrungen zu schreiben. Tiere standen und stehen im Mittelpunkt seines Lebens. In der Zeitschrift "Das Tier" schrieb Siemoneit vor einigen Jahren: "Kein Treffen mit der Freundin und kein Kinobesuch wäre denkbar, wenn eines der Tiere nicht auf dem Posten ist und seinen menschlichen Partner braucht. Weder meine Dressurkollegen noch ich machen über längere Zeit Urlaub von unseren Tieren. Wir würden sie zu sehr vermissen. Aus dieser tiefen Liebe entsteht zwangsläufig eine Partnerschaft, bei der gegenseitiges Vertrauen aufgebaut und im täglichen Umgang vertieft wird." Dressuren, die die Würde des Tieres verletzen, verabscheut Gerd Siemoneit zutiefst. Erst in der intimen Zusammenarbeit zwischen Mensch und Tier liege die wahre Kunst der Raubtierdressur.

Der Erfolg des Circus Siemoneit-Barum schuf eine parteinehmende Öffentlichkeit für die Tiere. Der berühmte Chef des reisenden Unternehmens bekam häufig die

Gelegenheit, in der Öffentlichkeit Anwalt der Tiere zu sein, die innige Partnerschaft mit den schwächeren Geschöpfen zu propagieren. In der Manege zeigte Gerd Siemoneit praktisch, wie seine theoretischen Ansätze umzusetzen sind. Seine Tiere entfalteten im Circus ihre Größe und Erhabenheit, ihren Charakter und ihre Schönheit. Der Mensch Gerd Siemoneit trat für die eigentlich schwächeren Geschöpfe, die dem Willen des Menschen ausgeliefert sind, in den Hintergrund.

Die Geschichte von "Prinz", einem der Löwenmänner aus der "Gemischten", ist eindrucksvoller Beleg für Siemoneits Verhältnis zu seinen vierbeinigen Freunden. Prinz, so

erzählt der Circusdirektor, war der Schönste von allen, ein riesiges Tier mit einer wahrhaft königlichen Mähne. Vielleicht ein wenig zu fett, weil Prinz ein richtiger Freßsack war, dem die Portionen immer beschnitten werden mußten. Er hatte ein wunderschönes Gesicht, wie man es bei Löwen nur selten sieht. Die kurze Nase verlieh ihm lausbübisches Aussehen. Wurde er in die Manege gelassen, drängelte er sich an seinen Tierlehrer. Für Prinz hätte der gesamte Auftritt nur daraus bestehen können, gestreichelt und beschmust zu werden. Eines Tages verweigerte er das Fressen. Vielleicht hatte er Sodbrennen, weil die letzte Fleischportion zu fett gewesen war; eigentlich kein Grund

zur Sorge, auch Löwen in der freien Wildbahn kommen einige Tage ohne Nahrung aus. Als Prinz nach drei Tagen nicht nur die Nahrung verweigerte, sondern gelben Schleim erbrach, wurde die Sache ernst. Siemoneit stellte fest, daß sich die Schleimhäute des Rachens gelb färbten. Die Diagnose: Ein Leberschaden! Ein herbeigerufener Veterinär kam zu derselben Einschätzung und verabreichte dem Lieblingslöwen des Circusdirektors einige Spritzen. Weitere Tage vergingen, ohne daß Besserung eingetreten wäre. Vielmehr verschlimmerte sich die Lage, da Prinz durch die Körperschwäche anfällig gegen Infektionen wurde und sich zusätzlich eine Lungenentzündung einfing.

Zwei Wochen fraß Prinz nicht, sein Zustand verschlechterte sich. Der Tierarzt entschloß sich, Traubenzuckerlösung zu injizieren. Die erste Dosis vertrug der Löwe so gut, daß sich eine leichte Besserung einstellte. Nach der zweiten Dosis würgte er so heftig, daß ihm weißer Schaum vor dem Maul stand. Es war kaum noch mitanzusehen, wie sich das Tier quälte, immer mehr abmagerte und schließlich kaum noch aufstehen konnte.

Sein Lebenswille war noch nicht gebrochen. Wenn Gerd Siemoneit die anderen Tiere aus ihren Käfigen zur Vorstellung holte, richtete sich Prinz mit letzter Kraft auf und beobachtete schwer atmend, wie seine Kollegen in die Manege gingen. Prinz bestand nur noch aus Haut und Knochen.

Nachdem er siebzig Tage außer einigen rohen Eiern nichts gefressen hatte, schien sein Ende gekommen zu sein. Während der Krankheit hatte er seine Mähne verloren und bot ein Bild des Jammers. Siemoneit beobachte seinen Lieblingslöwen Tag für Tag sehr genau. Als die anderen Raubtiere Futter bekamen, glaubte er im Blick des kranken Tieres einen Funken Wachheit zu erkennen. Er hielt ihm ein kleines Stück Fleisch hin und - Oh Wunder - Prinz fraß es. Sofort besorgte der Circusdirektor das beste Filetstück und auch dieses verzehrte der Löwe Stückchen für Stück-

chen. Nach einigen Stunden bot Siemoneit ihm erneut
Fleisch an, das ebenfalls mit Appetit verzehrt wurde. Prinz
war über den Berg. Von Tag zu Tag vergrößerte sich seine
Ration, aber es sollte länger als ein Jahr dauern, bis er
wieder der Alte war und sich schmusend an seinen Dompteur kuschelte.

Wir erinnern uns an eine Szene zu Beginn dieses Buches:
Zwanzig Tiger lagen nach einem arbeits-, das heißt
trainingsreichen Tag in ihren Käfigwagen und schnurrten
wie die Hauskatzen. Zeichen besonderer Zuneigung für
ihren "Ausbilder" und vor allem Freund, den Circusdirektor und Raubtierdompteur Gerd Siemoneit-Barum. Wenn

ein Mann wie Siemoneit von "tiefer Liebe" zu seinen Tieren spricht, klingt das in Kenntnis seiner Lebensgeschichte echt, im Gegensatz zu manchen verkitschten Verhältnissen von Mensch zu Tier. Mitte der siebziger Jahre gehörte diese Gruppe von 20 sibirischen Tigern zum Höhepunkt des Barum-Programmes. Die Tigerdressur unterscheidet sich von der Löwendressur im wesentlichen darin, daß Tiger keine Rudeltiere sind, sondern eine Gruppe von Einzelgängern bilden. Im Gegensatz zum Löwen, der die offene Landschaft bewohnt, liebt der Tiger die gedeckte, die waldreiche Landschaft des asiatischen Raumes. Die Bestände in der freien Wildbahn sind schon

zu Zeiten der indischen Maharadschas arg dezimiert worden. Wer viele Tiger erlegte, genoß gesellschaftliches Ansehen. Hunderte von Exemplaren lagen auf der jährlichen Strecke der Herrscher, die von der hohen Warte des Rückens eines Jagdelefanten die edlen Katzen schossen.

Im Circus, abseits der großen Jagdgesellschaften, offenbarten sich Gelehrsamkeit und Eleganz der Tiger. Siemoneit fand die Arbeit mit ihnen so interessant, weil sie sich der Bezugsperson besonders eng anschließen.

Die Natur, so meint der Circusdirektor, habe ein Tauschgeschäft erfunden: Vertrauen gegen Sicherheitsbedürfnis.

Das Vertrauen der Tiere belohnte Siemoneit mit der Einrichtung von Sicherheitszonen. Drei solcher Zonen unterscheidet der Dompteur: Die erste Sicherheitszone ist der Käfigwagen, die zweite Sicherheitszone ist der Stammplatz in der Manege und die dritte Sicherheitszone ist die Stelle, auf der der Tiger während der Vorführung vorübergehend Platz nehmen kann.

Siemoneit beobachtete nun bei der Arbeit mit seiner Tigergruppe, daß die Tiere gern von einer niederen Sicherheitsposition in die nächst höhere wechseln. Diese Eigenschaft machte er sich zu Nutze. Eine der ersten Übungen beschränkte sich darauf, die Tiere zur Aufgabe ihres Stammplatzes zu bewegen. Im Schutz der Gitter des Zentralkäfigs waren sie dazu bereit. Verließen sie ihren Stammplatz und sollten nach links wechseln, trat Siemoneit auf den Tiger zu, überschritt seine Fluchtdistanz und bewegte ihn in die gewollte Richtung. Ein Fleischbrocken diente zur Unterstützung. Wie ein Dirigent sein Orchester leitet, so dirigiert der Dompteur mit seinen "verlängerten Armen" seine Tigertruppe.

Die Einstimmung der Tiger zum Menschen und umgekehrt bewege sich ausschließlich im emotionalen Bereich, meint Gerd Siemoneit. Unaufhörlich werbe die Stimme, der Name des einzelnen Tieres sei der Emotionsträger. Erst wenn die einzelnen Sibirier sich aneinander gewöhnt hatten, begann Siemoneit damit, Figuren aufzubauen. Durch Zuchterfolge im Circus wuchs die Tigertruppe zeitweise bis auf 20 Exemplare an. Am 7. Juli 1977 erblickte Tigerbaby Olaf in Marburg das Licht der Welt, wurde aber von seiner Mutter Larissa verstoßen. Per Inserat suchte Siemoneit eine Hunde-Amme für den Kleinen, die auch mit der Rauhaardackelhündin Anja von Lohstetten gefunden wurde. Sie akzeptierte den Tiger Olaf als ihr Junges. Von Juli bis September genoß Olaf Dackelmuttermilch, dann kehrte er im Blitzlichtgewitter der Fotografen in den Circus zurück. Jedoch, die mütterli-

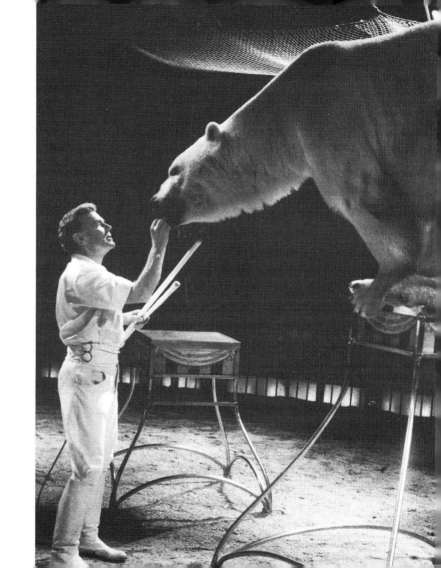

che Fürsorge der Rauhaardackelhündin war so prägend für Olaf, daß er sich zeitlebens als Hund fühlte, eine Tatsache, die sich unter anderem darin äußerte, daß er große Angst vor seinen Artgenossen hatte. Olaf trat bis zu seinem Tod in einer eigenen Illusionsnummer auf.

Mitte der achtziger Jahre kamen drei Superstars zum Circus Barum, nämlich Fred Astaire, Zarah Leander und Maureen O'Hara: Ein zentnerschwerer Eisbärmann mit seinen ebenso gewichtigen Damen. Die Partner dieses arktischen Trios waren der Braunbär Gussew, ein Panther, vier Leoparden, vier Tiger und ein Löwe. So etwas hatte die Circuswelt noch nicht gesehen. Daß Gerd Siemoneit

immer während seiner Laufbahn gut war für Sensationen, das wußten Publikum und Circus-Insider, aber eine Raubtiergruppe in der geschilderten Zusammensetzung war bisher nie dagewesen. Das Fernsehen wurde aufmerksam. Die Hamburger Geo-Film und ihr Autor Volker Arzt hörten von dem unglaublich erscheinenden Vorhaben und entschlossen sich, das Projekt von Beginn an mit der Kamera zu begleiten. Von der Ankunft der Tiere im Circus bis zur vollendeten Dressur verfolgte Volker Arzt das aufregende Geschehen im Circus Barum und machte daraus den Film "Kein Krieg in der Manege". Bärendressuren sind schwierig, viel schwieriger als die

Circus-Erziehung der Raubkatzen. Katzen, so Siemoneit im Rückblick, vermitteln ihren Gemütszustand durch Gesten: Schwanzschlagen, Schnurren, Prankenschlagen. Bären sind dagegen stoisch, ihnen sieht der Dompteur auf den ersten Blick die Stimmungslage nicht an. Außerdem sind sie verspielt. Befand sich Gras unter den Sägespänen der Manege, dann geschah es mehr als einmal, daß die Bären geschickt Wurzeln während der Vorstellung ausgruben und verzehrten. Oder sie spielten so lange an den Verstrebungen des Käfigs, bis die Streben entsprechend gelockert waren. Die Mannschaft am Sattelgang und Manegeneingang mußte den zotteligen Stars genau auf die Finger sehen.

202

Als putzige Teddybärchen reisten die Eisbären und ihr brauner Vetter aus dem Zoo an; ausgewachsen beeindruckten sie das Publikum schon allein durch ihre Größe, wenn sie sich in der Manege aufrichteten. Zusammen bot die ungewöhnliche gemischte Gruppe ein aufregendes Bild, einen Blick ins Paradies, wie ihn nur noch der Circus bieten kann. Raubtiere der unterschiedlichen Art und Größe posierten friedlich für ihr Publikum. Nur der Löwe bekam regelmäßig die "Rote Karte". Vergeblich forderte Siemoneit ihn auf, die Manege zu verlassen. Der Löwe blieb am Boden, schlug mit den Pranken und riß sein großes Maul auf. Erst, als der Dompteur die "Rote Karte"

aus der Tasche zog und sie der Großkatze entgegenhielt, trollte sich der Löwenmann zum Laufgang. Wie das funktioniert? Gerd Siemoneit erzählt: "Wenn ich ihn auffordere aufzustehen, bin ich fast in seine Sicherheitszone eingedrungen. Er kann beim besten Willen keinen meiner Befehle ausführen, denn sein biologischer Zwang, dem er unterliegt, hindert ihn daran. Die Zwiespältigkeit, in die ich ihn dadurch bringe, daß sich unsere Sicherheitskreise berühren, äußert sich in Brüllen und Prankenschlagen. Der Laie hält seine Reaktion auf die verzwickte Lage für Ungehorsamkeit. Ginge ich nur einen Fuß näher an ihn heran, bliebe ihm nur die Flucht von mir weg. Wenn ich die Rote Karte hervorhole und sie ihm zeige, trete ich etwas zurück und hebe damit die vermeintliche Bedrohung auf. Durch mein Platzmachen gebe ich dem Löwen die Gelegenheit, meinem Befehl nachzukommen und aufzustehen. Die Rote Karte spielt für ihn beim Einüben keine, als der Gag saß, kaum eine Rolle."

Diese gemische Gruppe war so sensationell, daß sich das Publikum nicht satt sehen konnte. Bis in die neunziger Jahre hinein waren die Bären in Eintracht mit Leoparden, Löwen und Tigern im Circus Barum zu sehen. Um die arktischen weißen Riesen artgerecht zu halten, bauten Siemoneits Techniker den Eisbären einen Bassinwagen, ein

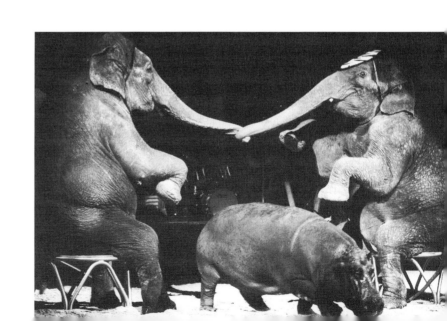

fahrendes Freibad. In den Spielpausen konnten Fred Astaire, Zarah Leander und Maureen O'Hara ein Schön-heits-Bad nehmen. Auch das Einbecker Winterquartier wurde entsprechend ausgebaut. Sein hochmoderner Tiertrakt mit beheizten Gehegen und Schwimmbecken gilt als zoologisch vorbildlich in Europa.

Die Tiere waren unter Siemoneits Regie immer Mittel-punkt seines Circusprogramms. Neben den Raubkatzen und den Bären gehörte zum engeren Freundeskreis des Direktors zum Beispiel Katharina Karla, das Flußpferd, das einen kleinen, aber eindrucksvollen Auftritt zu absolvieren hatte: Es betrat fast unerwartet, weil gemächlich, die

Manege, erstieg ein Postament und fraß einen Kopf Salat, so daß das Publikum einen Blick in das gewaltige Maul des Hippopotamus werfen konnte. Zeitweise gingen zehn Elefanten, zehn Dromedare, mehrere Dutzend Pferde und eine ganze Schar exotischer Tiere mit Siemoneit auf die Reise. Zu den großen Exoten-Tableaus des Circus-Barum gehörten Emus, Guanacos, Lamas, Bisons, Watussi-Rinder und eine große Zebraherde.

Verblüffung und ein bißchen Gänsehaut bei den Logenplatzinhabern erzeugt der Nashornbulle Tsavo, der mit dem Gewicht eines Kleinlasters in der Manege seine Runden dreht und seinen Tierlehrer dabei stehend auf dem Rücken trägt.

Mit den beiden Giraffenbullen versetzte Gerd Siemoneit ein weiteres Mal die Circuswelt in Staunen. Die beiden Manegenstars Zulu und Safari beugen ihre langen Hälse herab und küssen sanft ihren Tierlehrer. Das ist paradiesisch, die Demonstration des friedlichen Umganges mit Tieren aller Art.

Bei einer solchen rollenden Arche Noah bleiben fröhliche und kuriose Geschichten nicht aus. Barums Elefanten zum Beispiel, die 1974 in das Ensemble von Gerd Siemoneit aufgenommen wurden, waren immer wieder gut für derartige Anekdoten. Sie waren als Vierjährige noch klein

wie Pferde und ebenso übermütig. In Langenfeld wollten die dickhäutigen Rangen die "weite Welt" kennenlernen. Jeden Vormittag holten sie sich auf dem Platz ihre Dusche ab: Sie tummelten sich übermütig unter dem Wasserstrahl und in den sich auf dem Boden bildenden Pfützen. Ihr Dompteur beobachtete mit Sorge, wie die fünf jungen Elefanten vor Freude außer Rand und Band waren, das Temperament überschäumte und die kleinen Biester völlig außer Kontrolle gerieten. Plötzlich trampelten sie die Umzäunung nieder und trollten die Straße hinunter in Richtung Stadt. Mehrere Circusleute nahmen mit großem Geschrei die Verfolgung auf. Die Elefanten hielten es für

die Krönung ihres Spiels, wurden gar animiert durch den Lärm der "Fänger", ihr Tempo zu erhöhen. Mitten in der Stadt gelang es den Helfern schließlich, die Gruppe der Dickhäuter auf einem Hinterhof einzukreisen. Die Ausreißer schienen "Gefangene" zu sein, doch die "Jäger" hatten die Rechnung ohne die klugen Tiere gemacht. Die fanden nämlich das Nadelör, eine geöffnete Haustür, durch die sie sich hindurchzwängten mitten in einen Friseurladen. Jetzt wurde die Hatz erst richtig spannend. An chromglänzenden Apparaten vorbei stürmte die Herde zur geöffneten Vordertür heraus in den Sonnentag, in ihrem Gefolge flüchtende und wild gestikulierende Friseusen und Kundin-

nen mit Lockenwicklern.

Auf der Straße verschnauften die halbstarken Elefanten und waren offensichtlich dankbar, als ihnen vertraute Menschen Brot und Möhren reichten. Die Tiere stellten sich in Formation auf, Rüssel an das Schwanzende des Vordertieres und ab ging die Post zurück in den Circus. Auch die rund einhundert Straßenbegrenzungspfähle auf dem Weg vom Winterquartier zum Güterbahnhof waren vor den Dickhäutern nicht sicher: Wie Arbeitselefanten Bäume umlegen, zogen die Circuselefanten einen Pfahl nach dem anderen aus dem Boden und legten sie "flach". Nicht nur die Elefanten sind für derartige Geschichten gut.

In Ellwangen hörten Streifenbeamte nachts verdächtige Geräusche unter den Arkaden eines Geschäftes. Sie glaubten, einem Dieb auf der Spur zu sein, doch vor ihnen stand "Skippy", das Circus-Känguruh, das sich von den herbeigerufenen Barum-Leuten willig auf den Platz zurückbringen ließ.

In Dortmund machte die neue junge Zebraherde einen Ausflug: Sie verpaßte nach dem Auftritt die richtige Kurve in ihr Freigehege und galoppierte durch den Haupteingang Richtung Stadtmitte. Die Polizei half den Circusleuten, die Ausreißer wieder einzufangen. Dortmunds Zoodirektor eilte herbei, um mit einem Betäubungsblasrohr zu helfen, doch die Zebras traten bei "vollem Bewußtsein" den Heimweg an. Lediglich ein Polizist bekam den berühmten "Zebrakuß" zu spüren: Das Tier biß dem Beamten ins Knie...

Über 160 Löwen, Tiger, Leoparden, Panther, Pumas- Eis- und Braunbären gingen in vier Jahrzehnten durch die Schule des Circusdirektors Gerd Siemoneit-Barum. Eine gewaltige Zahl! Einige seiner Schützlinge setzten ihm hart zu, Siemoneit lernte aus den Zwischenfällen und kommt seit vielen Jahren ohne "Raufereien" in der Manege aus. Der Freiburger Biologe und Fernsehautor, Prof. Immanuel Birmelin, kommentierte die Arbeit des Gerd Siemoneit-

Barum mit der Anerkennung: "Kaum einer hat dieses Feeling für Raubkatzen. Das Hineindenken in die Eigenheiten jedes einzelnen Tieres, die Körperhaltung, die Körpersprache oder die Stimme verraten die jahrzehntelange Erfahrung, aber auch den Respekt vor den Tieren."

Gerd Siemoneit kennt keine Ruhe, sein Tatendrang ist ungebrochen und seine Liebe zu den großen Katzen erst recht. Als man ihm ganz besondere Raritäten der Raubtierzucht, kostbare Zuchtperlen sozusagen, anbot, da konnte der erfahrene Tierlehrer nicht widerstehen. Sechs weiße Tiger lernen nun bei ihm das ABC: auf ihre Namen zu hören, ihre Plätze einzunehmen, sich an die Musik, die

Schweinwerfer und das Publikum zu gewöhnen. Jeden Tag trainiert Gerd Siemoneit die Lektionen mit den eleganten Katzen, die Madras (der mit dem auffällig hellen Fell), Kismet, Mohan, Rhada, Shiva und Cashmere heißen. Cashmere ist ein "Golden Tabby", die Kreuzung aus einer wildfarbenen Bengaltigerin und einem weißen Tiger. Zur außergewöhnlichen Fellfarbe kommt ein aufmüpfiger Charakter, ein besonderes Talent, das der Dompteur zu nutzen weiß.

Obwohl Gerd Siemoneits jüngste Dressurkreation noch am Anfang steht, sind die Zuschauer begeistert. Die Gruppe strahlt Ruhe aus, jedes Tier kommt zur Geltung

und man spürt, daß der Barum-Chef noch einmal sein ganzes Können und seine ganze Erfahrung in die Waagschale geworfen hat, um etwas Neues daraus zu kreieren. Ganz so wie damals, als er mit pochendem Herzen und weichen Knien zum ersten Mal Löwen und Tigern im Raubtierkäfig gegenüberstand, sucht er heute die Herausforderung, ein partnerschaftliches Verhältnis zu diesen Naturschönheiten aufzubauen. Aus dem jugendlichen Draufgänger von einst ist ein erfahrener Tierlehrer geworden, der nicht sich selbst, sondern seine Tiere in den Mittelpunkt stellt und ihre natürliche Schönheit präsentiert.

Gerade als dieses Buch in Druck gehen sollte, kam aus einem Safaripark die Nachricht von der Geburt weiterer weißer Tiger-Drillinge. Gerd Siemoneit will in den nächsten Tagen hinfahren und sie sich ansehen. Spätere Freundschaft nicht ausgeschlossen...

anhang

Bildliste

Fotonachweis:

Archiv des Circus Barum, Einbeck; Archiv des Circus Verlags, Dormagen; Archiv Internationaler Raubtierdressur Hans Jürgen Tiede, Barsinghausen; Archiv Fritz Honroth, Hameln; Circus-Archiv Leo Samay, Langenhagen; Sammlung Walter Thelen, Siegburg; Ullstein-Bilderdienst, Berlin; Sammlung Heinz Neumärker, Leverkusen; Sammlung Ernst Günther, Dresden; Ostpreußisches Landesmuseum, Lüneburg; Sammlung Wolfgang Luft, Wuppertal; Sammlung Klaus Lüthje, Berlin; Sammlung Reinhard Tetzlaff, Hamburg; Joachim Schulz, Wuppertal; Bernd Platte, Ludwigshafen

CIRCUS ZEITUNG ist die monatliche Fachzeitschrift zum Thema Circus, Varieté und Artistik mit Reportagen, Artistenpoträts, historischen Dokumentationen sowie aktuellen News und Terminen.

Probeheft und Info gibt's kostenlos. Postkarte genügt.

CIRCUS VERLAG

Am Latourshof 6

41542 Dormagen

Tel. (02133) 91555

Fax: (02133) 91553

Herbert St. Nissing

Strassburger

Geschichte eines jüdischen Circus

Die Geschichte des Circus Strassburger ist eine Geschichte des Auf und Ab, der großen Erfolge und der schmerzlichen Niederlagen im Kampf mit Politik und Bürokratie: vom kleinen Familienunternehmen der Jahrhundertwende zum Großcircus mit drei Manegen, vom Massenandrang an den Kassen bis zum Hinauswurf aus der deutschen Heimat. Vor dem Krieg gefeiert, im Dritten Reich als "Juden-Circus" beschimpft, bis in die 60er Jahre erfolgreich in Holland: Das Schicksal der Strassburgers ist eines von vielen, aber sicher ein besonders bewegendes.

Herbert St. Nissing, Jahrgang 1923, versucht in seiner Dokumentation, dieses Schicksal im Rahmen des Zeitgeschehens zu sehen, stellt Bezüge zwischen Circus- und Zeitgeschichte her und arbeitet so nicht zuletzt ein Stück jüdischer Geschichte in Deutschland auf.

Auf 200 Seiten wird der Aufstieg und der Niedergang dieses Unternehmens beschrieben, das so viele Millionen begeisterte. Über 50 größtenteils bisher unveröffentlichte Fotos illustrieren diese einmalige Dokumentation.

Herbert St. Nissing
"Strassburger - Geschichte eines jüdischen Circus"
CIRCUS VERLAG D. Kuik - H. Grosscurth GbR,
Dormagen 1993
ISBN 3-929834-00-6
196 Seiten, Format: 15,5 x 21 cm, mehr als 50 schwarz-weiß Fotos
Preis: DM 24,90, bei Direktbestellung zuzügl. DM 4,00 Versandkosten

Überweisung oder Scheck in Höhe von DM 28,90 gelten als
Bestellung (bitte genaue Anschrift nicht vergessen!):
CIRCUS VERLAG D. Kuik - H. Grosscureth GbR
Am Latourshof 6, 41542 Dormagen
Tel. (02133) 91555, Fax: (02133) 91553
Bankverbindung:
Postbank NL Köln (BLZ 370 100 50) Nr. 3300 30-505